世界基準のヒプノセラピー入門

ABH（米国催眠療法協会）
NGH（米国催眠士協会）
マスタートレーナー
今本忠彦

WORLD CLASS
HYPNOTHERAPY
Tadahiko Imamoto

河出書房新社

はじめに　ヒプノセラピーで幸せに向かうために

いま日本には、精神的なトラブルで悩み苦しんでいる人がたくさんいます。一般的には、心療内科や精神科で受診し、投薬やカウンセリングを受けて改善を求めます。ところが実際には、それで悩みが解消しない場合も少なくありません。投薬によって、副作用を引き起こし、むしろ悩みを深くする人もいると言われます。

心理的なトラブルを抱えるクライアントに対して、西洋医学とは異なるアプローチで施す心理療法が欧米ではずいぶん前から行われていました。ヒプノセラピーは、その代表的な心理療法のひとつです。

ヒプノセラピーとは、日本語でいえば「催眠療法」です。

世間ではいまも催眠に対する誤解があり、催眠療法と聞くと敬遠されるイメージもあります。テレビ番組などで催眠術が面白おかしく紹介され、著名人たちが催眠をかけられて恥ずかしい行為をする姿をときどき目にするために、あんなことはされたくない、催眠をかけられて自分の意に添わないことをされるなんてご免だ、といった先入観もあるかもしれません。しかしそれらはまったくの誤解で、催眠とは、人を自由に操るための技術などではありません。結論から申しあげれば、そういうことは不可能です。

催眠は睡眠と違います。完全に眠ってしまうわけではありません。

誰にでも日常的に、無意識に行動する場面があります。

他のことを考えながら、きちんと車を運転している。ぼんやりとテレビを見ながら、他のことを想像している。など、無意識に行動している状態がヒプノセラピーでいうところの催眠状態とほとんど同じです。

人は意識と無意識の世界を持っていて、意識の世界はだいたい10パーセント程度といわれています。実際に自分の行動や決断に影響を与えているのは、残り90パーセントの無意識です。そのため、意識と行動にズレを感じたり、意識ばかりを自分だと思い込んでいる人は違和感を覚えたりします。

ヒプノセラピーとは、クライアントを催眠状態（トランス状態）に導くことで無意識とアクセスし、本来自分を動かしている無意識を自覚し、そこに自分が望む正しい行動のプログラムをインストールする作業です。そうすることで、セッションを受けたあと、すっきりと行動できる成果を期待できます。

もちろん、セッションの主体は常にクライアントにあり、ヒプノセラピーを施すヒプノセラピストはそのお手伝いをする立場です。事前にしっかりとカウンセリングして、クライアントの状態や希望を把握しておく必要があります。

私はヒプノセラピーの本場アメリカの「正統なヒプノセラピー」と出会って、感動と自信を得ることができました。その喜びを多くの人たちと分かち合いたく思い、この本を書きました。

私は、世界的に定評のある超一流のセラピストたちのトレーニングを海外で直接受け、スキルと経験を磨いて来ました。ＡＢＨ（米国催眠療法協会）の会長を務めていた故タッド・ジェームス博士の講座を受けたときは、「なるほど、これが催眠なんだ！」と感動し、目の前が明るくなりました。以後、多くの有能なヒプノセラピストのトレーニングに積極的に参加し、多くを学びました。現在も毎年、海外のセミナーに講師として参加し自らも学び続けながら、日本でプロのヒプノセラピストやトレーナーの育成に努めています。

ヒプノセラピーの需要が高まる社会状況の中、残念ながら、自己流のセラピーを施し、ヒプノセラピーの社会的イメージを低下させるヒプノセラピストもいるようです。私は、自分が学んで感動し、実際にセッションを通じて多くのクライアントから感謝していただいている正統なヒプノセラピーを、日本で根付かせたいと願っています。心理トラブルを抱えて困っている大勢の人々に明るい未来と幸せに至る方向性を提供したいのです。

そこで、私が学び続ける正当なヒプノセラピーを「世界基準のヒプノセラピー」と形容して、みなさんに提示するのがこの本です。世界基準とは、世界の一流セラピストたちのレベルを基準にしているという意味です。私が最初に日本で学んだものとのいちばんの違いは、セッションの方向性を明確にし、クライアントとセラピストがゴール設定を明確に共有するという基本でした。

本書は、これからヒプノセラピーを学びたい人、すでにヒプノセラピストとして活動しているけれど充分なセッションをできずに悩んでいる人を対象として書いてあります。

基礎を大切に、正しいヒプノセラピーについて、できるだけわかりやすく説明しようと心がけましたので、ヒプノセラピストを目指していなくても、ヒプノセラピーとは何かを知りたい方や、悩みを抱え、ヒプノセラピーを受けたいと考えている方にも、ぜひ読んでもらえたらと思います。

どうぞ、ヒプノセラピーの正しいありかたをこの本で実感し、学びの一助にしてください。

今本忠彦

世界基準のヒプノセラピー入門　目次

第二章
催眠状態を体感しよう　44
～ベーシック実感編～

Part 2 実践編　101

第五章 催眠誘導を実践する 112

第六章 ワークを磨く 126

装画―阿部千香子
装幀―大野リサ

世界基準のヒプノセラピー入門

あなたのクライアントは、
自分自身の無意識とのラポール（信頼関係）が
とれていないがゆえに、
あなたのクライアントなのです。

——ミルトン・エリクソン

Part 1

基礎編

第一章

ヒプノセラピーとは何か？

～ガイダンス編～

「催眠」とは、日常で誰もが経験している自然な状態

ヒプノセラピーは、日本語に訳すと「催眠療法」です。ヒプノ（hypno）とはギリシャ語のhypnos（眠る）に由来する「催眠」を、セラピー（theraphy）とは「療法」を意味します。

「催眠」とは、きちんと自分の意識を保った状態で、「潜在意識とアクセスできる、被暗示性の高まった心身の状態」を言います。

「潜在意識」というのは、ふだん自分では意識していない、いわば「無意識」、「自覚

していない感情や感覚や信念体系」です。

人間は誰もが、日頃は頭で考えて行動しています。頭で考える意識は「顕在意識」と呼ばれます。顕在意識と潜在意識は、対照的とも言えますし、「両輪」とも言えるものです。人は、顕在意識と潜在意識の両方によって行動しているのです。

多くの人は、「圧倒的に顕在意識で行動している」と考えているでしょう。どこに行こうか、何をすべきか、どっちがいいか？ すべて自分の意思で考え、判断していると感じがちです。でも、頭で考える前に「無意識に動いている」こともあるでしょう。

●考えごとをしていたのに、勝手に道を選び、最寄りの駅まで歩いていた。
●ぼんやりと運転していたけれど、きちんと安全を確認し、自宅までたどり着いていた。
●彼と歩いているとき、気がついたらいつものように手をつないでいた。

考えていなかったのに、正しい行動をしている。これは無意識のうちに「潜在意識」が働いていたからです。

このような心身の状態は「潜在意識とつながっている」のですから、立派な催眠状態です。専門的には、「催眠様状態」といいます。睡眠に近い感じの状態にいるときや、仕事や勉強など何かに集中しているとき、高速道路を運転しているときなど、催眠誘導テクニックを使うことなく自然に引き起こされるものです。

催眠とは、誰かに導かれて入る状態とは限りません。このように、自分自身が日常生活の中で自然に入る場合もあるのです。しかも、眠っているのでなく、目は覚めています。

日常生活で誰もが経験している一般的な例をほかにも挙げてみましょう。

●テレビや映画を見ているとき。
●ラジオや好きな音楽を聴いているとき。
●読書をしているとき。
●夢中で仕事をしているとき。
●スポーツに熱中しているとき。
●睡眠の前。
●起床直後。

このような経験を思い浮かべてみてください。

いずれの場合も、心地よく、心身ともにリラックスしていたのではないでしょうか。

催眠様状態に入ると、現実の抑圧からも解放されて、とても気持ちがよいものです。

この状態に入り、白日夢を見る、夢想するなどといった感覚になったとき、人は五感をフルに使っていて、何かに没入し、意識はたいてい自分の内側（内面）に向かっています。

潜在意識にアクセスすると、本当の自分に出会える

潜在意識というのは、自分の中にいつもある意識です。ところが、自分自身は明確に認識していない場合がほとんどです。

わかっているけれどふだんは忘れがちな意識、指摘されれば「そうかな」と同意できる意識、誰かに指摘されるまで気がつかない意外な意識、特別なシチュエーションを設定しなければおそらく気づかないし他人にはわかりようのない意識、など、潜在意識にも深さのレベルがあります。

自分の中に眠る意識が自分自身でもわからないというのは、もやもやすると思いませんか。

しかも、自分自身がどこかでその潜在意識に動かされ、影響を受けていると気がついたらなおさらです。

●自分はなぜ、頭ではわかっているのに別の選択や行動をしてしまうのか。
●本当はもっと違う生き方を望んでいるのに、つい常識的な道を選んでしまう。
●好きな人から結婚を申し込まれたのに、怖さを感じてしまい、踏み切れない自分がいる。

こういった理屈では説明できない自分の矛盾を抱えて苦しみ、悩んでいる人はたくさんいます。

こうした心理的な葛藤や矛盾に悩むのは、顕在意識と潜在意識の狭間で揺れ動き、自分で自分を衝き動かしている心の根っこを把握できていないからです。頭でわかっている顕在意識と、自覚できていない潜在意識の両方が自分の行動や発想の裏にあるのです。

潜在意識も含めて自分の内面を理解し、把握することができれば、もっと自然に本来の自分を開放することができるでしょう。

先に挙げた「日常生活で自然に入り込んでいる催眠状態」を経験するとすごく心地いいのはそのためです。無意識のうちに、自分の無意識の世界で過ごすことで、ぼんやりしていた自分の思いを「見て、聞いて、感じる」ことができます。それは、「本来の自分」に気づくことであり、本来望んでいる世界で生きることに通じます。

潜在意識にアクセスすると、自分でも気づかなかった本来の自分に出会うことができるのです。

潜在意識とは、
あなたの意識の一部です。
しかし、
いまは、意識していない意識です。

ヒプノセラピーの役割

人類は何千年にもわたり、催眠を実践してきました。ヒプノセラピーの歴史もまた、古代エジプトに存在したと伝えられる「眠りの寺院」という施設にまでさかのぼれます。この寺院では、心身を病んだ者が神官の儀式により深い眠りに誘われ、病いが治癒する暗示を受けていた、と言われます。

現代的なヒプノセラピーは、１９００年代の半ばころ、ある目的のために、社会的に大切な役割を担い始めました。その当時、手術の現場で麻酔の事故が多発したそうです。そこで活用されたのが、催眠麻酔です。催眠によって麻酔の導入をスムーズにし、過度な麻酔薬の使用を抑える効果も認められたからです。

出産の際に、妊婦の痛みを軽減する目的で催眠が活用されてもいます。医者とヒプノセラピストがチームを組み、妊婦さんとのラポール（信頼関係）を築くことで、「出産イコール痛い」という思い込みを和らげ、出産への抵抗感を減らす役割を果たすのです。

このようにヒプノセラピーの活用の場は、心理トラブル解消のみならず、医療の現場にも広がっています。二〇一三年には日本医療催眠学会も設立され、さらに積極的な取り組みと研究を深める動きが加速しています。

そしてもちろん、投薬では完治しにくいさまざまな心理トラブルを改善する大きな手がかりとして、ヒプノセラピーはクライアントの信頼を集めています。ただし、ヒプノセラピーは医療行為ではありません。この点にご注意ください。

クライアント自身が「心理的な原因で悩みや苦しみが生じている」と自覚している場合もあれば、「この悩みや苦しみがまさか自分の心の奥にある心理トラブルが原因だったとは気づかなかった」という人もいます。ヒプノセラピーは、こうした「原因がわからない、だから治療法も解決法も見当が付かない」といった悩みを抱える方々のサポートもできることが特徴です。

人の心は90パーセントが無意識の世界であると言われています。自分で自分を意識していない、自覚していない割合が高いのです。それでいて、実際の行動を起こすのは、その90パーセントの無意識です。

●お金を儲けることになんとなく罪悪感を覚える。
●相思相愛、好きな人がいるのに、結婚には踏み切れない。

●物事がうまくいっても、いざとなると尻込みして、自分から成功を壊してしまう。

こんな傾向を持っている人は少なくありません。一体なぜ、そのような制限を自分にかけてしまうのでしょう。それは自分の中にある「無意識」が、行動や思考に働きかけてしまうからです。

第三者から見れば、なぜ？　と理解のできないためらいやブレーキの原因が本人の心の中に潜んでいるのです。そうしたネガティブな要素を健全に改善し、無意識のプログラムを前向きにプログラムし直すことがヒプノセラピーの重要な役割であり効果です。

心理トラブルの原因の多くは、本人の中にある

いま社会で大きな課題となっているさまざまな心理トラブルは、他人との人間関係によって起こると思われがちです。けれど実際には、その多くの原因は自分自身の心の中にあり、本人自身の課題なのです。自分自身の意識や生きる姿勢がはっきりしていれば、他人との関係は自然とスムーズに出来上がります。問題は他人との間にある

以前に、自分の中にある場合がほとんどです。言い換えれば、本人が内側の自分と向き合い、しっかり自覚できれば、悩みの大部分は解消した、もしくは解消する大きな糸口をつかめたといえるのではないでしょうか。

自分の潜在意識と自由にアクセスする方法を身につけたら、日々の暮らしはずいぶんと楽になるでしょう。実際に、そうしたスキルを身につけ、自分で自分を高め、コントロールしている方々もいまはたくさんおられます。

それでも、自分だけでは到達しにくい深い潜在意識もあります。また、そのように深い潜在意識ほど、見えないところで自分自身に影響し、行動を制約している場合があります。

「好きな人から結婚を申し込まれたのに、怖さを感じて踏み切れない自分がいる」先の例にも挙げたこの人の場合、過去のトラウマが影を落としていたり、矛盾するエネルギー同士が葛藤している可能性があります。

もしかしたら「前世の記憶」と呼ばれるものの影響かもしれません。そのような場合には、慣れていない人は自分だけでは深いレベルの意識にアクセスすることが難しいかもしれません。潜在意識のもっと深いところまで導いてあげないと、本質が理解できません。

ヒプノセラピストの協力を得て、クライアントがより深い潜在意識にアクセスする。それがヒプノセラピーです。主体はあくまでクライアント自身であり、ヒプノセラピストは手助けをする役目を担っているにすぎません。

催眠にまつわる誤解

世の中には、「催眠」という言葉に対する誤ったイメージがまだまだ残っているようです。

テレビのバラエティー番組などでときどき行われる催眠ショーもその原因のひとつでしょう。

- 催眠にかかると正気を失い、恥ずかしいことも平気でさせられてしまう。
- 催眠にかかると、嫌なことでも拒めず、命令どおりに動かされてしまう。
- 深く眠ってしまって、何をされるかわからない。

こうした想像や心配は、すべて誤解です。テレビのショーではそのように思い込ませて、面白おかしい振る舞いをさせますが、正しく催眠を理解している者にとっては、事実と異なるイメージです。

何よりまず、催眠は「睡眠」と違います。眠っているわけではありません。「眠らせるのが催眠」というのは間違ったイメージです。

ヒプノセラピーでクライアントとセッションする場合、クライアントは最初から最後まで、「潜在意識とアクセスしている」のであって、眠りはしません。眠ったら、セラピストと会話することができなくなります。いくら優秀なヒプノセラピストでも、眠っている人の睡眠の中までは立ち入れません。

ですから、「眠っている間に何をされるかわからない」といった心配はまったく無用です。

また、ヒプノセラピストを志す方からしばしば、

「私は、他人を眠らせるような催眠術を会得する自信がありません。大丈夫でしょうか」

といった質問を受けますが、眠らせる必要がないのですから、その心配もまったく的外れです。

ヒプノセラピーにおける催眠状態とは、「心地よく潜在意識とアクセスしている状

態」ですから、もしその心地よい状態が崩されるようなことが起こったら、クライアントはすぐに顕在意識に戻り、通常の行動をとることもできます。例えば、地震や火事などの災害に見舞われて避難が必要な場合でも、催眠から覚めなかったために逃げ遅れる、などということはありません。

もしヒプノセラピストが、心地よく潜在意識とアクセスしている状態を損なうような不快な言葉をかけるなど、クライアントの気持ちに添わない暗示を与えようとしたならば、クライアントは即座に催眠状態から覚めてしまうでしょう。だから、「正気を失い、恥ずかしいことも平気でさせられてしまう」「嫌なことでも拒めず、命令どおりに動かされてしまう」といった心配はありません。

そのほか、よく質問を受ける「典型的な誤解」について、あらかじめ回答しておきます。実際にあなたがヒプノセラピストとしてクライアントと接するようになったとき、疑問に対してこのように答えたら、安心してもらえるでしょう。

Q　セラピストに意志をコントロールされる？

A　クライアントの意志が完全に支配されて、ヒプノセラピストの力に屈服するものだと信じている人がいます。これは誤解です。

催眠とはあくまで主体的な体験なので、意志をコントロールされることはありません。

Q 意志が弱い人が催眠にかかる？

A 催眠にかかるのは「意志の弱い人だ」という見解が一部にあるようです。それはまったく誤りです。

実際には、催眠にかかるには、むしろある程度の集中力と知性が必要です。

Q 秘密が盗まれる？

A 催眠にかかると、キャッシュカードの暗証番号など、他人に知られてはまずい秘密を自分の意志に反して話してしまうのではないかと心配する人がいます。

しかし、クライアントは催眠中も意識がありますから、そのようなことは起こりえません。

もちろん、セッションに必要であれば、クライアントの意志で秘密を話すことはありますし。そして同時に、ウソをつくことも簡単にできます。

Q 催眠から覚めないことがある?

A すべての催眠は「自己催眠」であり、クライアント自身がトランスを誘導しているために、必要であればいつでも目覚めることができます。

世間に誤解があるとすれば、残念ながら、誘導的な言葉をかけてクライアントの潜在意識と別の方向でセッションを完結させようとする、技術的にも未熟なヒプノセラピストにセッションを受けた方がいるからかもしれません。

催眠とは何か?

×これは「催眠状態」ではありません!

寝ている状態。
意識を失っている状態。
騙されやすい状態。

意志の弱った状態。
他人に操られる状態。
コントロールの効かない状態。

○これが「催眠状態」です！

起きている状態。
リラックスした状態。
イメージが浮かびやすい状態。
心に何かを働きかけやすい状態。
無意識と信頼関係がとれている状態。
究極的なコントロールができている状態。

洗脳と催眠はまったく違う

催眠について正しい知識を持たない人の中には、催眠によって洗脳され、その影響で心がコントロールされるのではないかと心配する人がいます。また、クライアント自身がヒプノセラピーのセッションを希望していながら、親しい友人や親、配偶者、恋人たちがそのような恐れを抱いて、セッションに反対する場合があります。

それも大変な誤解です。洗脳と催眠は明確に違います。これは、洗脳とは何かを明示すれば、わかってもらえると思います。

洗脳とは

▼慣れない環境下におく。
▼眠れないようにしてたくさん話しかける。
▼従わなければ苦痛を与える。
▼従えば褒美をあげる。
▼投薬などにより脳内のケミカルバランスを変化させる。

こうした条件で行うものです。

催眠は、あくまでクライアント自身がトランスを誘導している主体的な行動です。洗脳とは根本的に違います。

人間の心には2つの領域がある

催眠の世界では、人の心（マインド）には2つの領域があると考えます。顕在意識（意識）と潜在意識（無意識）です。

日常、人が普通に目覚めている状態においては、この意識と無意識との間を、クリティカル・ファカルティ（critical faculty）と呼ばれる「判断のフィルター」が隔てています。これは現実と非現実の区別を判断する機能を持っています。ところが、催眠状態（トランス状態）になれば、このフィルターは外れるのです。

クリティカル・ファカルティが意識と無意識を隔てている日常においては、人はマインド全体の10パーセント程度にすぎない顕在意識の領域を自覚しながら行動しています。

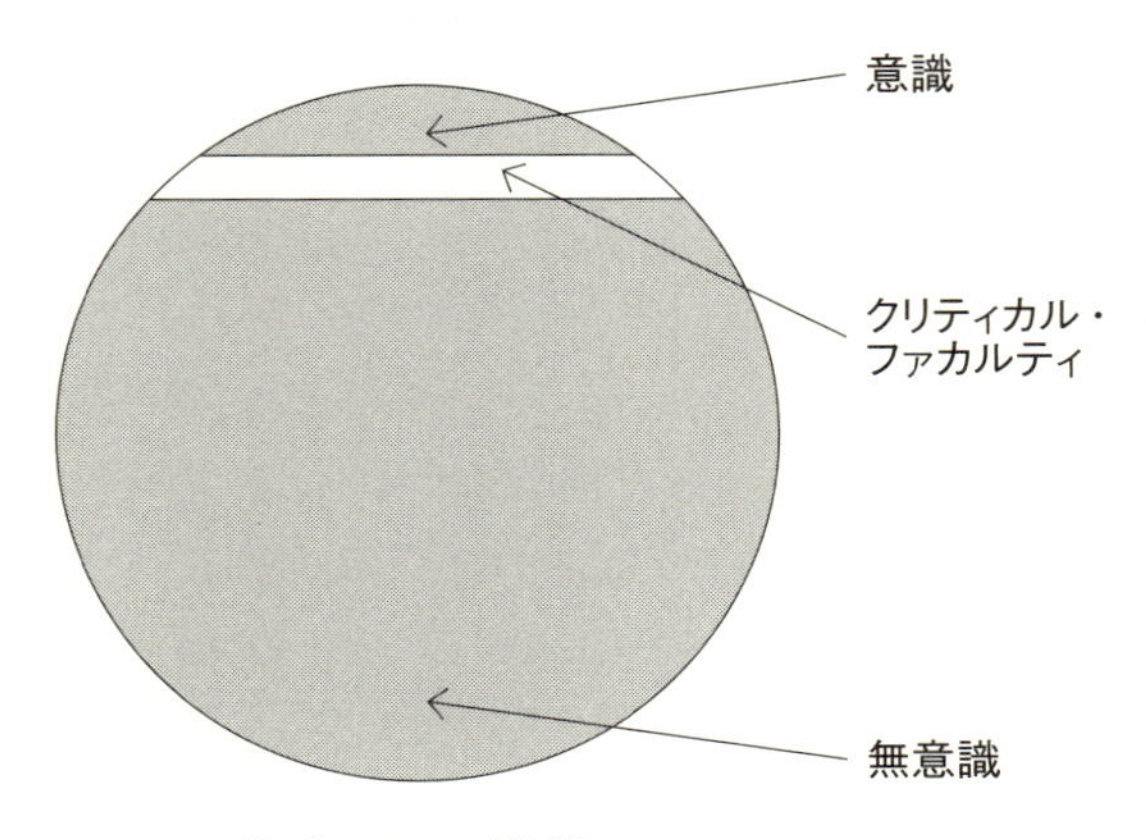

起きている状態

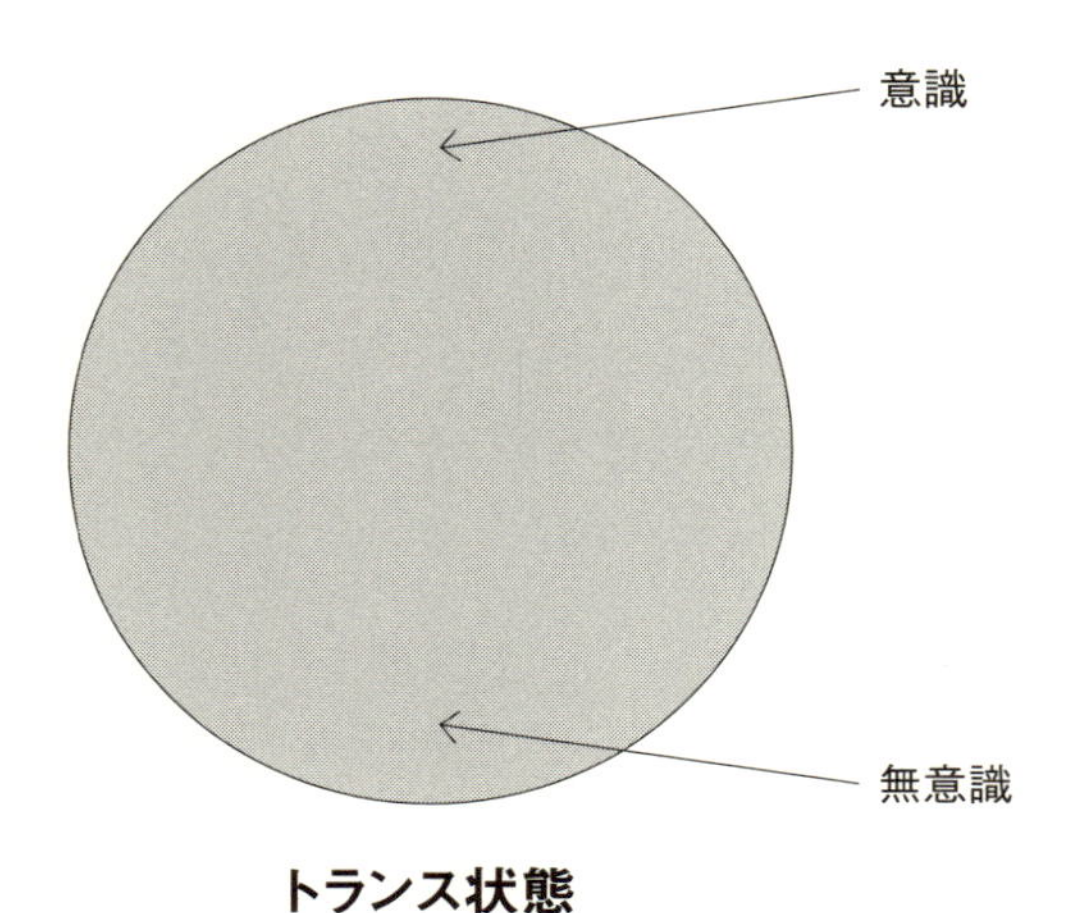

トランス状態

しかし、実際には残り90パーセントの無意識が存在し、たとえ自分では自覚できなくても、文字通り無意識のうちに、その領域が行動を促し、判断にも影響を与えているのです。

念のために書き添えますが、ここでいう「10パーセント」「90パーセント」は、科学的に特定された数字ではありません。あくまで、無意識の領域は圧倒的に広く、意識の領域はかなり狭いものということを表現する比喩(ひゆ)的な数字として、理解してください。

また、無意識を潜在意識の奥底にある層と見なして、潜在意識と無意識とをその機能や性質においても厳密に区別する考え方もありますが、本書では、潜在意識と無意識は、ともに同じ領域を指す同じ意味の言葉として扱っています。催眠の世界の概念を理解するにあたっても、ヒプノセラピーの実践においても、この両者をとくに区別する必要はありません。

催眠状態に導いて無意識にアクセスする

例えば、「あなたの人生は、どんどんよくなっていきますよ」と言われたら、あなたはその言葉を信じますか？

おそらくあなた自身は、これを信じたいと思うはずです。誰だってよい人生を送りたいと思っているはずですから。

しかし、あなたのクリティカル・ファカルティ（判断のフィルター）は、この言葉を無意識の領域に届ける前に「待った」をかけて、その言葉が理にかなっているかどうかを判断しようとします。そして、「信じるに値する」と判断すれば、言葉はフィルターを通って無意識に届けられますが、「違う」と判断すれば、ブロックされてしまいます。

これはとても大切な機能です。なぜなら、理性的な顕在意識とクリティカル・ファカルティの働きがなければ、人は無条件に、なんでも信じようとしてしまうことになります。

つまり、クリティカル・ファカルティとは、門番のような役割を果たしているのです。

ところが催眠状態（トランス状態）に入ると、このフィルターが外れ、意識と無意識を隔てる境界がなくなります。これは、無意識の被暗示性が高まった状態です。被暗示性とは人が暗示を受け入れる度合いのことで、この状態では、無意識は無批判的に他人や自分自身の信念を受け入れることになります。

クライアントとヒプノセラピスト両者の共同作業によって、クリティカル・ファカルティを取り払い、あるいは、すり抜けることで、潜在意識にアクセスする。それがヒプノセラピーの基本です。

ふだんは潜在意識を閉ざしている「判断のフィルター」に、催眠が働きかけることによって、その扉を開けてあげる感覚です。

クライアントを催眠状態に導いて無意識にアクセスする、それがヒプノセラピーの重要なプロセスです。

ヒプノセラピーは、Do with（一緒に行う）が基本

すでに何度も紹介しているとおり、催眠はとても自然な状態です。

一般には、催眠はDo to（誰かに何かをする）のプロセスと思われがちです。けれど実際には、Do with（一緒に行う）のプロセスで構成されているのです。

いくらヒプノセラピストが誘っても、クライアントが拒絶したらできないのが催眠です。ヒプノセラピストとクライアントの両者が一緒にやるという姿勢がなければ、

催眠のプロセスは成立しません。

ちょうどフォークダンスに似ています。

「一緒に踊りましょう！」

といくら誘っても、

「いいえ、結構です」

と断られたら、ダンスは踊れません。でももし、

「恥ずかしいけれど、踊ってみよう」

と相手に思ってもらえたら、フォークダンスを踊ることができます。クライアントとヒプノセラピストは、波長や呼吸、リズム、テンションなどが合わないと、うまくいきません。

すなわち、クライアントとヒプノセラピストの信頼関係がないと、ヒプノセラピーは始まらないのです。それゆえ、実際に催眠に入る前に、「ラポール」と呼ばれる、クライアントとの信頼関係を築くことが、ヒプノセラピストが最初に達成すべきプロセスです。

ラポールこそヒプノセラピーの鍵

ラポール（rapport）とは心理学用語で、セラピストとクライアントの信頼関係を意味します。もともとは「橋をかける」というフランス語に由来しています。ラポールはいわばチームメイトとして、一緒にセッションを行うことを受け入れ、認め合う気持ちと表現してもいいでしょう。

ヒプノセラピーにおいて、クライアントとヒプノセラピストとのラポールは、セッションの大前提になるものです。

ラポールがあってこそスムーズな催眠に導かれます。催眠に入るのはクライアント自身の意志ですから、クライアントがヒプノセラピストを信頼し、フォークダンスのパートナーに選んでくれてこそ、気持ちのいい踊りが始められます。それだけではなく、ラポールはセッション自体の成否を握っているといえるほど、重要なものなのです。

ラポールとは、
クライアントがセラピストの言うことだけを
受け入れている状態です。

また、心理学的には次のように説明されます。

二人の間にある相互信頼の関係。すなわち、

「心が通い合っている」

「どんなことでも打ち明けられる」

「言ったことが十分に理解される」

と感じられる関係です。

ヒプノセラピーとは、

クライアントとヒプノセラピストの
ラポールに基づいて行われる、
Do withの共同作業です。

第二章

催眠状態を体感しよう

～ベーシック実感編～

ヒプノセラピーは、人が道を切り開くためのお手伝い

この章からは、さらにヒプノセラピーの理解を深めながら、実際に少しずつ体験し、体感して、ヒプノセラピーの本質に気づいてもらいます。

まずは、セプノセラピーを行う上で最も大切な土台となる方向性について説明したいと思います。

自分は、「影響側」か「原因側」か、という話を聞いたことがありますか？

人の立ち位置には大きく分けて、ふたつのポジションがあります。

影響側にいる人は、何かが思いどおりにいかないとき、あるいは自分が満足のいかない状況に陥ったとき、すぐ何かのせいにします。例えば、

「収入が少ないのは、学歴のせいだ」

「お金がないのは、不景気のせいだ」

「もてないのは、背が低いせいだ」

「自分がうまくいかないのは、親の教育のせいだ」

などと、すべて言い訳をする。誰かのせい、何かのせいにします。周囲にそういう人はたくさんいますね。他人を見ていたら、そういう影響側の人がうまくいくとは思えないでしょう。

あなたはどうですか？

一方、原因側で生きている人は、

「大学は出ていないけど、それをハンディだとは思わない」

「不景気だけど、自分はきちんと儲けられる」

「背は低いけど、それさえも魅力にする」

といった具合に、どんな場合でも、なぜできないのかという理由を述べるのではなく、何をすればできるのかという原因を考え、道を切り開いていきます。

実際、世の中で経済的に成功者と呼ばれる人には、「学歴が決して高くない人」がたくさんいます。お金持ちになるのに、学歴は関係ないのです。

影響側の人は、「なぜできなかったのか」という理由を探すことにいつまでも終始して、なかなか人生の苦境を打開できません。一刻も早く、影響側から原因側にシフトしなければ、人生の主人公になることはないでしょう。そのために、自分の考え方を変える必要があります。

人は誰もが、自分の中に「パーソナル・エンジン」を秘めています。影響側の人は、そのエンジンを他人に預けてしまっているようなものです。

ヒプノセラピーとは、影響側の人を原因側に導くために行うもの、すなわち、クライアントが主体性に目覚めるためのお手伝いをするもの、と表現することもできます。ヒプノセラピーによって、自分のパーソナル・エンジンに目覚め、自分のエンジンでしっかりと人生を歩み始めるのです。

影響　E（EFFECT）

＞

原因　C（CAUSE）

ヒプノセラピーは、
影響側の人を
原因側に導いてあげるプロセス
といってもいいでしょう。

「すべてのリソース（情報や、解決に向かうエネルギーなど）はクライアントの中にある」
そう唱えたのは、20世紀を代表するヒプノセラピスト、ミルトン・エリクソン博士です。すべての人の中にはエンジンがあって、そこに素晴らしいポテンシャリティ（可能性）が秘められています。その可能性を開発するお手伝いをしてあげるのが、ヒプノセラピストの役目です。ヒプノセラピストは無から有を生み出す魔法使いではありません。

ヒプノセラピストは、
クライアントの中に眠る可能性を引き出す、
いわばツアーガイドです。

催眠状態を実際に体験する

ヒプノセラピーとは、クライアントとヒプノセラピストの「Do with」のプロセスだと説明しました。まず、この「Do with」によって導かれる催眠状態とはどんなものなのか、実際に体験することから始めましょう。

まぶたのリラックスの実験

ヒプノセラピストを志している人も、実際にセッションを受け、体験することは重要です。私があなたのヒプノセラピストなら、こんなふうにあなたを手助けします。

1　目を閉じましょう！
2　まぶたがこれ以上リラックスできないレベルの感覚にしてください。
3　もうまぶたが重くて、目が開かなくなりました。

まずはたったこれだけのプロセスです。

これで目が開かない人、開きにくい人は、私（ヒプノセラピスト）を信頼し、指示に従うことを選択して、うまくコミュニケーションがとれている人です。

もちろん、この段階で目を開けることは可能です。

この場合、あなたは私の指示に従うことに対して拒絶したことになり、催眠には入りません。

（開けない方がいいのかな？）

などと考えて開けない人もいるでしょう。それは、ヒプノセラピーを受けるときのポジティブな姿勢ではありません。

ヒプノセラピーは、「催眠にかかるか、かからないか」といったものではありません。クライアント自身が、かかるか、かからないかを選択するものなのです。そこをまず理解してください。

目を開けるか開けないか、すべてはクライアントであるあなたが主導権を握っているのです。ヒプノセラピーは、「Do to」の一方的なプロセスではありません。

「すべての催眠は自己催眠である」

フォークダンスの例と同じで、踊るか、踊らないかは、あなた自身の判断、そして気持ち次第です。クライアントが拒絶すれば、何も起こりません。

クライアントが前向きに潜在意識にアクセスすることが、ヒプノセラピーの成果を高める大切な必須条件です。

実際のところ、もしあなたが素直に「まぶたのリラックス」に集中したら、目が開くはずがありません。筋肉を緩めているのですから、まぶたが開かない方が自然です。

このように、信頼され、指示に従ってもらえれば、深い領域にアクセスできるのです。潜在意識にはいろいろな情報や経験がストックされています。そこにアクセスして、クライアントが考え方を変えたら、クライアントの生き方はその時点から大きく変化するでしょう。影響側の考え方から原因側の姿勢や思考にシフトするだけでも、日々の暮らしや人生のめぐり合わせは「きっと変わる」でしょう。

無意識とは何か？

催眠は、「無意識」にアクセスする手段です。

そう書けば、なんとなくわかった気持ちになってもらえるでしょう。でも少し突っ込んで、無意識とは何だろう？　自分に問いかけてみてください。どんな答えが思い浮かぶでしょうか。

ここで、まばたきを考えてみましょう。

意識していないときも、まぶたは勝手に動いていますね。でも、意識的にまぶたを動かそうとすれば、動かすことができます。

まばたきは、とても無意識的な動きです。同じように、私たちは意識しなくても呼吸をしていますし、寝ている間も心臓が動いています。また車に引かれそうになれば、意識しなくても勝手にびっくりして反射的に車をよけるでしょう。

このように無意識は、じつは私たちの身体を管理・保護しているのです。

数学の問題を解いたり、何かを証明しようとしたりするのは、論理的に考えることを得意とする顕在意識の領域で行われていますが、それに対して、無意識は、嬉しさから悲しみまで、感情がプログラムされた領域です。

そして無意識には、記憶が保存されています。催眠療法の年齢退行や前世療法では、この無意識の領域にある情報を引き出します。

このように説明しても、無意識は文字どおり「ふだんは意識していない（意識のない）意識」ですから、無意識がどんなものか、どんな特徴を持っているのか、ほとんど実感がわかないと思います。それでも、無意識があなたの意識の一部であることに変わりはないのです。ヒプノセラピーを受ける人も、ヒプノセラピストを目指す人も、まずはこの無意識について理解を深めておく必要があると思います。

無意識を自覚するための実験

椅子に腰掛けた状態で、ここから先の文章を読んでください。

椅子に腰掛ける実験

いまあなたは椅子に腰掛けています。そして、1分間そのままでいてください。
そして、1分後までこの先を読まないでください。

＊

はい、1分経ちました。では、あなたのお尻が椅子の上に載っていて、足の裏が床についている感覚に気づいてください。

いま私が指摘したために、あなたはお尻や足裏の感触を意識したでしょう。確かに、お尻が椅子と触れ合っている。足の裏が床に着いている。その感覚を実感しましたね。なぜなら、それは事実だからです。現実にあなたのお尻は椅子の上に載っている。足の裏は（よほど脚の高い椅子でなければ）床に着いています。

でも、私が指摘するまで、この1分の間、あなたはきっと、お尻の感触や足裏の感覚には気づいていなかったのではないでしょうか。

それが「無意識」です。

現実に起こっているし、そこに存在しているのに、ふだんは忘れていること。そのような例は日常生活の中にたくさんあります。呼吸やまばたきもそうですね。でも意識的に動かすこともできます。

「人は、無意識に従っているロボットのようなものだ」と言われています。人は自分が思っている以上に、ふだんから無意識のうちにさまざまな現実を受け入れ、無意識のうちに行動しています。つまり、日常的に「無意識」にアクセスしているのです。

人はふだんから日常的に
「無意識」にアクセスしています。

無意識には、現実と非現実の区別がつかない

ヒプノセラピーにとって大切な手がかりである「無意識」の実像について、さらに詳しく理解していきましょう。

無意識にはいろいろな特徴があります。

「無意識には、現実と非現実を区別することができない」というのも、知っておきたい重要な無意識の特徴です。

これを実感してもらうために、ひとつの体験方法を紹介しましょう。

手のひらのレモンの実験

次のことを想像してみてください。

手のひらに、ふたつに割った新鮮なレモンがのっています。

少し握りしめて、ジワーッと汁を絞って、口に含んでみましょう。

――豪快にかじってもいいですよ。――


どんな感じですか？

すごく酸っぱい感覚が体から湧き上がって来ませんか？

実際、手のひらにレモンはありませんが、私はこれを想像するたびに、背中から神経がせり上がってくるような酸っぱい感覚に襲われます。

なぜ、このような現象が起こるのでしょう。

レモンをイメージするだけで神経細胞が動き出し、身体の中が、実際にレモンをかじった時と同じ反応をするからです。

現実にレモンはないのに、現実にあるのと同じ動きが起こる。それは、「無意識」は、現実と非現実の区別がつかないからです。そのために、このような現象が起こるのです。

この話を読んで、もし「バカバカしい」と感じる人がいたら、その人は「意識」の領域で止まっていて、「無意識」にアクセスしていない人です。無意識にアクセスするメリットを再度確認する必要があるのかもしれません。

「無意識」には、現実と非現実の区別がつきません。

無意識は、すごく素直である

無意識は、ものすごく素直である、という特徴を持っています。

無意識はそのインプットを無防備なほど素直に受け入れ、心の奥に刻みつけます。抵抗をしません。反問もしません。

だからこそ、ヒプノセラピーによって無意識にアクセスし、新しい情報や思考をインストールできるのです。

そのように書くと、間違った情報をインプットされたら危険だ、回避する方法があるのかと問われそうです。その点は大丈夫です。なぜなら、万一クライアントが危険だと感じ、歓迎しない情報をインストールされそうになったら、クライアントは催眠から覚め、「意識」の状態に戻るからです。

ヒプノセラピストはクライアントとよく話し合い、あらかじめ設定した目的やゴールに向かう以外のインストールは決してしないことになっています。それが、ラポールを築く基本です。

無意識の領域では、繰り返すことで「現実」になる

繰り返すことによって自分の中で「現実」になってしまう。それが無意識という領域です。もしそれが誤った思い込みであれば、自分にマイナスの影響を与えます。無意識にはそういう危うさがあります。

そこをふだんは「意識」と「判断のフィルター」(クリティカル・ファカルティ)が危険をカバーしているのです。

一方で、意識と判断のフィルターが強く働きすぎて、もっと自由にはばたいてよいのに、人間的な感性や自由な発想を規制している場合もあります。本来の自分と、行動する自分の間にギャップが生じ、違和感を覚え、ストレスを感じることがあるのはそのためです。

催眠は、判断のフィルターをなくし、そこを超えて無意識にアクセスした状況を作る手段です。もしフィルターがあったとしても、いかにそれを超えられるか、バイパスを作って無意識にアクセスする手がかりを与えます。

脳科学の世界では一般に、「左脳が意識」「右脳が無意識」と理解されています。左脳を主体に考え行動する日常から、ヒプノセラピーによって「右脳を活性化して生きる自分」に転換される手がかりが与えられると言ってもいいでしょう。

イメージの力が現実の成果を高める

こうした無意識の特徴にもとづいてイメージの力を活用する方法は、いまではスポーツの分野で当たり前のように行われています。いわゆるイメージ・トレーニングです。

実際にプレーをしていないのになぜ競技力が向上するのか？　その理由も同じです。無意識は、現実と非現実をわかっていない。現実と非現実があるかどうかもわかっていない。だから、非現実の中で練習しても、それを繰り返すことで、実際に練習したかのような効果が起こりうるのです。

フリースローの実験

ひとつ、実験データがあります。

バスケットボールのフリースローの実験です。

被験者を三つのグループに分けました。

A　一定期間、フリースローの練習をさせた。
B　一定期間、イメージの中だけでフリースローの練習をさせた。
C　何もしなかった。

一定期間が経った後、それぞれ同じようにフリースローをさせたところ、どのような結果が出たと思いますか？

グループAとグループBのフリースロー成功率はほとんど同じでした。

グループCは全然ダメでした。

つまり、現実に練習をした人と、イメージの中だけで練習した人の成長は同じだったということです。

イメージ・トレーニングについては、第六章であらためて説明します。

現実とは何か？

無意識について考えていくと、現実に関する認識が変わります。生きてきた過程で、人は誰しも自分の中にいろいろな「現実」を作っています。

「人前に出ると私はあがってしまう」

「それは、私はできない」

など、思い込んでいることがあるでしょう。

それは本当に動かせない事実でしょうか。

例えば、俳優さんが与えられた役柄を演じるとき、最初はその役を意識して演じると言います。けれど、一流の俳優さんほど、現実と非現実がわからない「潜在意識のレベルで、役を演じるようになるそうです。何ヵ月もその役を演じていると、長い間の撮影が終わった後も、役から抜け出せなくなるともいいます。本来の自分自身を取り戻すことが難しくなるのです。

しかし、それは新しい現実であり、演じた役がとても理想的な人物であれば、それを演じたまま人生を終えることもできるかもしれません。つまり、長く演じてしまったために、それが現実になってしまったのです。

では一体、「現実」とは何なのでしょう？

ヒプノセラピーで無意識を変える

無意識を変えていくことで、あなた自身を変えることができる。それがヒプノセラピーの基本的な発想です。

無意識は、現実と非現実がわかりませんから、催眠で無意識にアクセスして、プログラミングを再確認します。無意識の領域には、さまざまな現実がインプットされています。そこに新たな現実をインプットすることで、「自分」を変えるのです。アメリカの最新の心理学では、催眠とは「無意識にアクセスして、肯定的な考え方や習慣をインプットすること」と定義されています。

催眠とは、無意識にアクセスして、
肯定的な考え方や習慣をインプットすることです。

第二章 セッションの流れ

ヒプノセラピー・セッションの全体像

それではここから、ヒプノセラピーの全体像をお話ししていきましょう。

ヒプノセラピーのセッションにおいて、最初から最後まで、一連の流れはおおよそ次のとおりです。

1 事前面談

クライアントはヒプノセラピーによって何を達成したいと思っているのか、その目的や希望を確認し、ゴールを設定します。
ここで、催眠状態とは何かを説明することも重要です。

2 被暗示性テスト

催眠に入る前のウォームアップです。

3 催眠誘導

クライアントを催眠状態（トランス状態）へと導きます。

4 ワーク

実際に催眠状態で無意識にアクセスし、クライアントとヒプノセラピストが目的にむかって共同作業を行います。

5 解催眠

催眠状態を解くプロセスです。

6 事後面談

ヒプノセラピーのセッションを終えた後の面談です。

1 事前面談

トランスに導くための準備

実際にセッションを行うにあたり、まずはさまざまなことを説明しなければなりません。この面談は、ヒプノセラピーのセッションをより効果的にするためにはとても重要なプロセスです。ある意味で、中核となる「ワーク」よりも、この準備段階が重要だと私は感じています。

事前面談によってクライアントとの理解を深め、お互いの信頼関係が芽生えたならば、まずポジティブな展開が始まります。

「何があなたをここに連れて来たのか？」
「どういう問題を抱えているのか？」
それをきちんと聞かせてもらって、「あなたはどうなりたいのか？」というゴールを設定します。

催眠状態とは何かを説明する

この段階で、催眠状態とは何かを説明することも重要です。クライアントが催眠を正しく理解していない場合や、過剰な期待を抱えすぎていても、セッションはうまくいきません。

けれどもちろん、「トランス状態に入ってみたいな……」という憧れと、そうすれば自分の何かが変わるのではないかという期待感を持って相談に訪れるクライアントがいるのも確かです。あまりガッカリさせる必要はありませんから、催眠状態の心地良さを感じさせる話をするのは有効です。

クライアントに説明すべきポイントは次の3つです。

1 「催眠にかかっている」ことを期待しないでください

催眠誘導に対して誤った先入観を抱いている人には大きく分けて2つのタイプがあります。「とんでもなく大きな期待」を抱いている人と、「ものすごい恐怖」を抱いている人です。実際の催眠誘導はそのいずれでもありません。もっと自然で、日常生活の延長線上にあるものです。

多くのクライアントは、トランス状態が通常の心理状態と比べてものすごく違う状態だろうと考えています。それはまったくの見当違いです。すでにお話ししたとおり、トランス状態とは、人が日常しばしば体験しているとてもナチュラルな状態です。人は一日に何回も何十回も意識的な状態からトランス状態に出たり入ったりしています。ふだんはそれにさえ気づいていないほど、自然な状態です。

どれだけ深いトランス状態に入っても、それがトランスだとはほとんど感じられません。従って、この事前説明の段階で、

「催眠にかかっているという感覚はまったくありませんよ」

と説明しておく必要があります。トランスとは、お酒に酔っ払ってボーッとしているよりも遙かに普通で自然な状態なのです。

クライアントに催眠の理解ができていない場合、終わってからクレームを受ける、

見当違いの不平不満を言われることなどがあります。例えば、「催眠にかからなかった」「セラピストの言うことが全部聞こえていたから、催眠とは違うと思う」などといった反応です。それは催眠にかからなかったのでなく、催眠そのものを誤解していることに原因があります。セッションの後でそのようなことにならないよう、事前の面談で誤解を正し、本質的な理解をしてもらってから始めることが大切です。

2　リラックスした状態を期待してください

催眠への理解を得た上で、トランスによるリラックスした状態について説明することは有効です。

催眠によるトランス状態は、とても自然な状態です。リラックスした感覚がどんどん増してきます。

ふだんもときどき経験しているはずですが、無意識にその状態を経験しているため、あまり心地よさを覚えることはないかもしれません。

「無意識とアクセクして、とても寛いでいる状態がいかに心地よいか、どうぞ期待してください」とクライアントに伝えます。

3 クライアントがコントロールを失うことはありません

催眠状態に入ると、「クライアントは自分の意志にかかわらず、ヒプノセラピストの指示を拒むことができない」と勘違いしている人がいます。それは大きな誤解です。催眠状態になっても意識ははっきりしていますし、クライアントが望まない行為を求められたら、すぐに拒絶できます。

例えば、ヒプノセラピストが「立ってください」と言ったとき、クライアントがもし「立ってもいい」と思えば立つでしょう。けれどももしヒプノセラピストが「これから銀行に行って、3億円を強奪してきてください」と言ったらどうでしょう？　従いますか？　当然、相手にしないでしょう。トランス状態でも判断は同じです。

催眠によってトランス状態に誘導し、意識の妨害を減らし、無意識とアクセスしやすい状態にするのが「催眠誘導」です。

催眠誘導によって、トランス状態（催眠状態）になっても、意識を失うわけではありません。意識はきちんと保った上で、心地よく、意識と無意識を行き来しやすい状態になります。

トランス状態でも、クライアントは
いつでも自分を完全にコントロールしています。
ヒプノセラピストはクライアントにこう伝えましょう。
「クライアントであるあなたが、
あなた自身の価値観や信念と一致した暗示を
受け入れるだけなのです」

すでに催眠は始まっている

事前面談で実際に行う催眠状態についての説明は、ヒプノセラピストがクライアントに対してお話しする形で行われます。説明的すぎれば退屈でしょうし、信頼関係を築くことはできません。

「催眠を説明する段階で、すでに催眠は始まっている」と理解してください。催眠の説明は、クライアントとラポールをとる段階でもあります。この説明（コミュニケーション）を通して、クライアントが持っている余計な抵抗は取り除いていきます。

それでは、催眠の説明の一例を紹介します。ここまで説明してきた話と重なる部分もありますが、実際にクライアントに説明する例文と理解し、参考にしてください。

催眠状態を説明する例文

ヒプノセラピーを受けるのは初めてですか？

ヒプノセラピーは日本語でいうと「催眠療法」ですが、「催眠」という言葉に抵抗はありませんか？

テレビの催眠ショーや、小説とか映画などの影響を受けている人は、「催眠にかかった人は、どんな命令にも逆らえなくなり、自分の意志を操られる」といった恐いイメージがあるかもしれません。あれはあくまでもフィクションの世界で

す。

あるいは、催眠にかかっている状態はとても現実離れした状態だと想像しているかもしれません。「催眠」というと私たちはとても大げさな、なんだか薬でものまされてボーッとしているような現実離れしたイメージを抱きがちですが、実際には違います。催眠に入っても、自分が催眠状態に入ったことをほとんど感じないくらい自然な状態です。それをまず理解してください。

「とてもリラックスしている」という感覚はあります。

では「催眠状態」とは、いったいどんな状態なのでしょう？

催眠状態とは、実はとても自然な状態であり、私たちが一日のうちに何度も出たり入ったりしている状態なのです。つまり、私たちはそれが催眠状態だとは認識せずに、毎日毎日、何度も何度も、自然にその状態を体験しています。

例えば……、映画はお好きですか？

面白い映画を見ていると、映画の中に入り込んでしまって、自分が映画の中の人物と一体になっているような感覚になることがありますよね。あの感覚が一種の催眠状態です。

また、朝起きたときのまったりした感覚や、睡眠に入る前のまどろみ、夢中で本を読んでいるときの現実と非現実の境がなくなっている感じ、リラックスしてテレビを見ているとき、高速道路をのんびり運転しているときなども、同じように催眠状態になっています。

催眠状態というのは、日常生活の中でみなさんが一日に何度も味わっている状態であって、魔法でもなんでもありません。

先ほど映画の話をしましたが、ホラー映画を見ていると本当に怖くなってきませんか？　身体が緊張したり、震えてきたり、ドキドキしますよね。作り物のイメージを見ているだけなのに、どうしてそんなことになるのでしょう？

頭では「これは虚構の世界だ」とわかっているのに、だんだんと恐怖の感覚に陥ってしまうのはなぜでしょう？　それは、人の心には、現実と空想の区別ができずにすべてをそのまま受け入れて反応する部分があるからなのです。

人のこころは、「意識」という部分と「無意識」という部分に分かれています。そして、意識はほんの10パーセントくらいにすぎず、残りの90パーセントの部分は「無意識」と呼ばれています。そして、無意識の大きな特徴として、「無意識は現実と非現実の区別をつけることができない」と言われています。

例えば、レモンをイメージしてみましょうか。

目を閉じて、イメージしてみてください。

あなたの手に黄色いレモンが一個あります。これを薄くスライスしましょう。

そして、スライスしたレモンの輪切りをひとつつまんで、口に入れて……、はい、ギュッとかんで味わいましょう！

どんな感じがしますか？

体じゅうが酸っぱい感覚になりませんでしたか？

「無意識」は、このように現実にはないレモンの酸っぱさをまるで現実のことのように受け止めて、実際に身体反応さえ引き起こすのです。

でももし、私があなたの「意識」に対して、実際にありもしないレモンをあるかのように示して、

「ほら、私の手のひらにレモンがありますよ」

と、レモンがあるふりをして見せても……見えませんよね。ひょっとしたら、私の頭がおかしくなったと思われるかもしれません。「意識」は無意識とはまったく逆で、とても現実的で分析的です。つまり、私の手の中にレモンはないこと

をしっかり分析し、確信したのです。

ヒプノセラピーとは、現実と非現実の区別ができない「無意識」に直接アクセスして、肯定的な変化を起こそうとするものです。起きている状態ではアクセスしにくい無意識という領域に対して、「催眠」という状態を利用して無意識にアクセスしやすい状態を意図的に作るのです。

2 被暗示性テスト

催眠に入る前のウォームアップ

本格的なセッションに入る前に、ベーシックな催眠誘導を体験して、催眠のプロセスや仕組み、催眠状態というものを身体で理解してもらいます。いわば、催眠に入る前のウォームアップです。イメージが身体に実際どのような影響を与えるか、クライアントの被暗示性が高いか低いかをテストして知る意味あいもあります。

被暗示性テストの3例

方法はいくつもありますが、ここでは3つの方法を紹介しましょう。

被暗示性テスト　その1：辞書と風船

イマジネーションがどれだけ身体を反応させるかを実感してもらう、具体的なテストです。

クライアントに、次のように指示をします。座った状態でも、立った状態でも構いません。

——手のひらを下に向けて両腕を前に伸ばして、目を閉じてください。——

そして、どちらか一方の手のひらを上に向けてください。

その手のひらには、分厚くて重い辞書を載せますよ。

手のひらが下を向いている腕の手首には、ヘリウムガスの入った大きな風船を結びます。

さあ、上を向いている手のひらに、重い辞書を載せますよ。ドッカーン！　その様子を鮮やかにイメージしてください。

風船を結んだ反対の手は軽いですね。

辞書の上に、もう1冊、辞書を載せましょう。はい、ドッカーン！

さあ、目を開けてください。

自分の両腕がどうなっていますか。

はい、リラックスしましょう！


目を開けて、クライアントはどんな腕の状態を目にするでしょう。

素直にあなたの指示に従ってイメージを描いたクライアントならば、辞書を載せた方の手が下がり、手首に風船を結んだ手が上にあがっているでしょう。つまり、最初は同じ高さに挙げた両方の手の高さに違いが生じています。

反応が大きければ大きいほど、被暗示性が高く、イマジネーションによる反応がよい人です。通常は、ヒプノセラピストの暗示を受けるたび、リズミカルな反応をします。

これは、暗示を実感できる（確認できる）ひとつの方法です。

暗示を受け入れる態勢ができていて、暗示に対して素直な反応をする人に対しては、

「イメージ力が強いですね、いいですよ」

といった声をかけてあげましょう。

もし、変化がまったく起こらない人がいたら、指示の意味がわからないのでなければ、クライアントの心の中になんらかの抵抗があり、意識の世界から抜け出せず、無意識にアクセスしていないことがわかります。この状態のまま次の段階に進んでも、ヒプノセラピー自体に対して「まったくわからない」などと言われる可能性が高いでしょう。成果は期待できませんから、被暗示性を高める必要があります。

ただ私は、反応が鈍い人に対しても決して、「よくないですねえ」とは言いません。それが暗示になってしまうからです。

反応が小さい人に対しても、適切だと思うタイミングで「いいですよ」と言ってあげます。それが暗示になって、変わり始めます。ヒプノセラピストにラポールを感じ

て、心を開いた瞬間に動きが変わり始めます。

ひとつ、極端に上下に動きすぎている人がいたら、注意が必要です。それは潜在意識とアクセスしているのでなく、ヒプノセラピストを喜ばせようとして、意識的に反応している可能性があるからです。それもまた、ヒプノセラピーのワークには入っていけない状態です。この場合も、意識の壁を取り除いて、無意識とアクセスさせてあげるため、なんらかの修復が必要です。

被暗示性テスト その2：指の万力

クライアントに、次のように語りかけます。

両手ともしっかり握りしめ、人差し指を左右ともピンと立ててください。

そして、目を閉じてください。

道具をはさんで固定する万力は知っていますか。

いまあなたの左右の人差し指を万力が外側からはさみました。

万力はどんどん締まって、あなたの左右の人差し指がどんどん近づいていきます。

どんどん締まり、指と指はぴったりくっつきました。

目を開けてください。

指を離そうとしてください。

指を離せませんね？

無理に離そうとすればするほど、しっかりくっついてしまいます。

はい、もう大丈夫です。リラックスしましょう！


これも「辞書と風船」の例と同じです。

素直に暗示を受け入れたクライアントは、指を離すことができません。けれど、意識とアクセスした状態のまま、あなたの暗示を受け入れようとしていないクライアントは容易に手を動かせるでしょう。

万力というのは、工場で主に使われる、ハンドルで物を固定する装置です。

何をやろうとしているのか、意味がわからない人がときどきいます。そのような人は、指がくっつきません。

きちんと反応があった人には、

「身体はイメージに反応します。イメージした瞬間に、加速しませんでしたか？」と投げかけます。きっと、感じた人はうなずくでしょう。それがまたよい暗示となって、次の段階に移りやすくなります。

多くの場合、最初は意識がまだ少し抵抗しますから、「抵抗したいけど、どうしようか」などという思考が入ります。けれど次第に、「抵抗したいけどしようがない、認めざるを得ない」という気持ちになって、暗示に身体を委ねるようになっていきます。なぜなら、クライアント自身が催眠状態に入って、ヒプノセラピーを受けることを望んでいるからです。クライアントが暗示を認めると、次にいきやすくなります。

「催眠には絶対かからないぞ」と思っている人には、もちろんかかりません。お互いに協力しながらコミュニケーションするのが「催眠」です。そもそも、意図的に抵抗するのは意味がありません。

同窓会などに行って古い友人たちに会い、ヒプノセラピストだと言うと、遠慮のない旧友たちから、

「じゃあ、オレに催眠をかけてみろよ。オレは絶対にかからない自信があるから」などと言われることがあります。催眠というと、一般的なイメージでは酒席の余興にされやすいものです。そんなときは「うん、かかりませんよ」とあっさり言って、それ以上の話題にしないのが賢明です。「かからないぞ」と言う相手にかけるのが催眠ではありません。

被暗示性テスト その3：体が後ろに倒れる

この例は、右の2つの例と違って少し危険を伴いますので、いきなりこれを試すことはお勧めしません。セッション・ルームで使うことも私の場合はほとんどありません。ただ、イメージがいかに身体に作用するかがわかりやすいので、紹介します。

試す場合は、あくまで、それを体験する方法として、十分に安全を確保した状態で行ってください。

上に顔を向けましょう。
そして目を閉じてください。

あなたは私がしっかり支えますから、絶対に安心です。

顔をしっかり天井に向けています。

イメージしてください。

あなたの身体が揺れてきて、少しずつ後ろに倒れます。

私が両手で支えますから安心です。

倒れます。倒れます。倒れます。

私がしっかり支えるので安心してください。

いいですよ、ものすごくいいですよ。

倒れます。倒れます。倒れます。


クライアントが倒れ込んで来て、あなたが両手で受け止めたらすぐ、

「いいですね」

とほめてあげましょう。これができたら、クライアントはもうかなりの度合いであなたにラポールを抱き、任せてくれる状態になります。ヒプノセラピーを行うにはよい意味で、従わなければしようがない、という気持ちになっています。

このテストが先に紹介した2つのテスト以上に特別な効果を持っているのは、人間

のバランス感覚を司る機能が耳の下にあることと関係があります。上を向かせるだけで、バランス感覚が失われます。そのため、「指の万力」などよりもっと、抵抗しにくい状態が身体の中に生じるのです。

このテストがうまくいったら、

「暗示を受けることによって、身体が引っ張られるような感覚を体感できましたか？」

といった言葉を投げかけましょう。そして、「催眠とは、このようにラポールをとってコミュニケーションをし、潜在意識の使い方を教えるものなのです」

と伝えましょう。

催眠とは、
クライアントとラポールをとって
コミュニケーションをし、
潜在意識の使い方を教えるものです。

3 催眠誘導

ワークを行うための入り口

それでは、催眠誘導に入ります。

最初に理解してほしいのは、催眠誘導はプロセスであって、「目的」ではないということです。

ヒプノセラピストを目指す方の中には、催眠に大きな関心を持ち、「催眠にかけること」「催眠誘導すること」に大きな魅力を抱いている人がいます。それはヒプノセラピーの本質とは違います。催眠誘導はあくまでその次の段階でワークをする、お互いが設定したゴールに向かってセッションするための入り口にすぎません。そこをきちんと理解してください。

もっとも基本的な催眠誘導法

催眠誘導法には多くの種類があります。長い催眠の歴史の中で、世界中のセラピストたちがさまざまな催眠誘導法を開発させています。

有名なものを挙げるだけでも、言葉の誘導法、即効誘導法、許容的誘導法、権威的誘導法、混乱法など、たくさんの方法があります。

ここでは一番ベーシックな方法を紹介しましょう。段階的誘導法（段階的リラクゼーション）と呼ばれる方法です。クライアントには目を閉じてもらい、10分から15分ほどかけて筋肉の緊張を弛緩させていきます。

ヒプノセラピーの第一人者であるA・M・クラズナー博士による段階的誘導法の例文を示します。実際にクライアントを前にしているイメージで、ゆったりと読んで見てください。

催眠誘導文の例（クラズナー誘導法）

ゆったり座ってください。

身体の力を抜いて、目を閉じましょう。あなたはいまからだんだんとリラックスしていきます。身体の力が抜けてきて、落ち着いた気分になっていきます。落ち着いた気分でリラックスしていくために、イメージを使いましょう。


あなたはいま、小さな白いボートに乗っています。

ボートの中で横になって、空を見上げています。

真っ青なとてもきれいな青空に、白いわたのような雲が浮かんでいて、ゆっくりと流れています。

太陽の日差しを感じることができます。その日差しが穏やかにあなたの身体を温めてくれます。身体の芯まで温かくなっていくようです。

穏やかな波が、ボートをゆすっているのを感じます。とても気持ちよくて、まるで、ゆりかごの中でゆられているようです。あなたの身体が、全部、残さずリラックスできるように、ゆっくりと順番にゆるめていきましょう。

温かくて、ほぐれた感じが、頭のてっぺんから、下の方へと下りていきます。ゆったりとほぐれていくのを感じます。頭の皮がほぐれていくのを感じます。それが、額にも広がっていきます。額にあるしわも、眉間にあるしわも、そのほか、どんなしわも消えていきます。しわがなくなって、すべすべになっていきます。そうしていると頭の中まで、ぼんやりと、温かくなってきました。

目の中も温かく感じます。温かくて、心地のよい液体が、目の中を満たしているような感じです。まぶたの筋肉も、目のまわりの筋肉も、ゆったりとほぐれていきます。小さな筋肉も、1本ずつほぐれていきます。そうしていると、まぶたが、とても、とても、リラックスします。とてもリラックスしているので、もう目を開けたくありません。まぶたのリラックスした感覚に意識を当てていると、まぶたがしっかりくっついている感覚を感じることができます。そしてその感覚に意識を当てていると、さらに深く入っていきます。

顔の筋肉は、すっかりゆるんで、力が抜けています。口元や、あごの細かい筋肉まで、すっかりゆるんでいます。口の中まで力が抜けていきます。下あごから、首の後ろまで、筋肉がゆるんで、温かい感覚を感じます。

温かくて、心地のよい感覚が、首の後ろを通って、肩の方まで広がっていきます。温かい液体が通ったところは、マッサージされているように、筋肉がほぐれていきます。

あなたはボートに横たわって、波の音を聞いています。そして波の音を聞いていると、あなたはさらに深く、深く、もっと深くリラックスしていきます。温かくて心地のよい感覚は、肩から背骨にそって下りていきます。肩の力が抜けていきます。力が抜けると、肩がどんどん楽になっていきます。体の筋肉が、ゆったりとほぐれていきます。背骨にそって下りていく心地のよい感覚は、わき腹の方へも広がります。背中の筋肉が温められて、ゆったりとほぐれていきます。筋肉の1本1本まで、温かくなるように感じます。

ゆったりとほぐれた感じは、さらに下へ下りていきます。腰からおしり全体も、ゆったりしていきます。そして、ももの裏側を通って、ひざへ、心地のよい感覚を感じます。ひざが温かくなってきます。ひざが温かくなったら、心地のよい感覚はさらに、ふくらはぎへと下ります。心地のよい温かい感じは、足元全体に広がります。そして足の指が1本ずつ温まって、ほぐれていくのを感じます。

あなたはボートにゆられ、波の音を聞きながら、さらに深く、深く、深く入っていきます。とても穏やかで、とても安らいでいます。頭と、顔と、身体の後ろ側が、すっかりゆるんでリラックスしています。そして残りの部分ももっとリラックスさせましょう。のどのあたりが、もっとリラックスしていきます。その心地のよい感じが、肩の前側を通って、腕の方へ下りていきます。腕が温かくなってきます。筋肉がゆるんでいます。温かくて、心地のよい感覚が、さらに、肘から、指先へ広がっていきます。心地のよい感覚は指を1本ずつ満たしていきます。指が1本ずつ温かくなって、ほぐれていきます。体全体が温かく、ほぐれていくのを感じながら、あなたはさらに深く、深く入っていきます。

波の音が聞こえています。

あなたは白いボートの中で横になって、穏やかにゆられています。とても穏やかです。とてもリラックスしています。

では、もっとリラックスしましょう。

のどの筋肉がほぐれていきます。温かく、ほぐれた感じが、今度は、胸のほうへと広がっていきます。胸全体が温かくなって、ゆったりとほぐれていきます。そしてその感じは、胸の中へ広がります。筋肉も、内臓も、ゆるんでいきます。温かくて、とてもいい気持ちです。

温かく、ほぐれた感じは、ももからひざへ、さらに足元へ下りていきます。身体全体がゆるんでいき、ゆったりとして、温かくて、とてもいい気持ちです。あなたはいま、深く、深く、くつろいでいます。とても穏やかです。そしてさらに深く、深く入っていきましょう。あなたは小さな白いボートの中で、波の音を聞きながら、穏やかにゆられています。ボートの中で、深く、深く、リラックスしています。あなたはいま、とても穏やかです。あなたはとてもくつろいで、安心して、心地のよい日差しを浴びながら、穏やかにゆられています。ゆったりとくつろぎながら深くリラックスしています。

では今度は深くリラックスしたままで、ボートから出てみましょう。

そしてこうイメージしてください。あなたはいま、階段を見下ろしています。階段には10段のステップがあります。

とても美しい階段で、美しいじゅうたんが敷かれています。この階段を、1段ずつ下りていきましょう。

　階段を下りながら、わたしが10から1までの数を数えます。1段下りるごとに、深く、深く、深く、さらにリラックスします。

　では最初の階段を下ります。10、とても深い、9、さらに深く、8、深く深く下りていきます。7、さらに深く、とてもゆったりしています。6、もっと深く入っていきます。ただただリラックスしてください。5、さらに深く、あなたはくつろいでいます。4、深く深く、3、もっと深く。2、次の数で、あなたはとても気持ちのいい、催眠と呼ばれているところに入っていきます。

　さらにゆったりとした、さらに穏やかな場所、そして、とてもリラックスしています。

　ではいきますよ。
　1、あなたは深く、深く、リラックスしながら、穏やかに、安らいでいます。
　そして、あなたの無意識は、わたしがこれから言う暗示を受け入れます。

催眠誘導については、第五章であらためて説明します。

4 ワーク

セッションの中核

催眠誘導によってクライアントがトランス状態に入ったら、ワークを始めます。ここがヒプノセラピーの「目的」を果たす場面です。

事前面談であらかじめ設定したゴールに向かって、共同作業が始まります。

ワークには暗示から年齢退行、前世療法など多種多様な方法があります。ヒプノセラピーの基本を学ぶことが目的のこの本では、ワークの基本について説明し、ワークへのアプローチを理解してもらおうと思います。

ワークのベースになる暗示

ワークのベースになるのは、ゴールへ向かうための「暗示」です。暗示とはすなわち、潜在意識に対して直接言葉を語りかけ、ある考え方や行動、習慣をインストールすることです。

設定したゴールに向かってスタートを切る、その幕開けを担う暗示こそ、ワークの成否を決める大切な第一歩です。

暗示の例を2つ、紹介します。

暗示の例1：恐怖心の克服

○○に対する恐怖を手放し、より前向きで健康的な感覚に置き換えるときがきました。そしてその前向きで健康的な感覚は、いま、この瞬間からあなたの中にとどまります。あなたは過去を手放し、新しいあなたの一部となる、前向きな感覚に置き換えることができます。

新しいあなたは自信に満ち安心しています。

新しいあなたはいま、○○に対する恐怖から自由になります。

新しいあなたはいま、自信と安心とともに前進します。

暗示の例2：自信を持つために

あなたは、あなた自身がすることのすべてに対して、完全な自信を感じます。

どんな状況でも、あなたは落ち着いていて、すっかりリラックスしています。

どんどん自信がついてくるので、あなたの本当の個性が輝きを放ちます。

そして、身体はもっと強く、もっと落ち着いて、もっと健康になります。

自信が深まっていくと、毎日、あらゆる面において、あなたの人生の質は向上していきます。

あなたは、あなた自身の能力と知性をもっと信頼できるようになります。

今日からのあなたは、自信を持って、どんなことにも集中することができます。

どんな活動も、心から楽しむことができます。


ワークや暗示については、第六章であらためて説明します。

5 解催眠

クライアントを意識の世界に戻す

ワークの後、催眠から覚ますプロセスが「解催眠」です。

相談に来られる人の中には、ときどき、

「催眠から覚めなかったらどうしようと、心配です」

そう言われる方がいます。これも、催眠を誤解している方です。催眠とは、あくまでクライアントの意志によって選択している状態ですから、「覚めないのではないか」という心配はまったく必要ありません。

典型的な「解催眠」の方法を紹介します。

心地よくリラックスし、無意識とアクセスしている状態から、いきなり唐突に意識の世界に戻したら、せっかくのセッションが台無しになります。ワークで得られたゴールが、心地よい余韻を持って身体に染み入るよう、穏やかに解催眠を行い、自然な成り行きでクライアントを意識の世界に戻してあげましょう。

例えば、次のような言葉で「解催眠」を行います。

では催眠を解いていきましょう。
いまから、1から10まで数を数えます。
そして、ひとつ数えるごとに、全身の力がよみがえってきます。そして、10で、すっきりと、はっきりした気分で目を覚まします。1、2、3、はい、下半身に力が入ってきた。4、5、6、上半身にも力が入ってきた。7、8、9、あとひとつで、全身に力が戻って、最高の気分で目を覚まします。
10！　とってもいい気分でしょ!!

催眠はあくまでクライアントの意志で
選択している状態のため、

「覚めない」という心配はない。

6 事後面談

セッション終了にあたり

ワークの後の事後面談では、「今回、どんなことを感じたか」をクライアントから聞かせてもらいましょう。その会話を通して、クライアントの満足度、あなたへのラポールの度合いなども感じることができるでしょう。

そして、「次回はどうするか」を打ち合わせして、一連のセッションは終了となります。

Part 2

実践編

第四章

ヒプノセラピストの役割

なぜヒプノセラピストが必要なのか？

催眠とは、人が日常的に何度も出入りしている自然な状態だと、繰り返し説明してきました。

「それならば、他人に（ヒプノセラピストに）サポートを頼まなくても、自分自身ででできるのではありませんか？」

と、質問を受けることがあります。

催眠状態に入るだけでいいならば、「そのとおり」です。自分で無意識にアクセスするスキルを身につけ、自由にリラックスした状態で心身を休めることができたら、それはかけがえのない力になるでしょう。もちろん、自己催眠といって、一人で入って自分自身に暗示を与えることもできます。

しかし、さらに高度なワークを行うことで、クライアント自身がゴールに向かって、潜在意識のプログラムを最適化していくためには、ヒプノセラピストのサポートが必要になります。

第六章でまた触れますが、ヒプノセラピーのセッションで行われるワークにはさまざまなバリエーションがあります。興味があって、少しでも調べたことがある読者なら、「年齢退行」「インナーチャイルドの癒し」「前世療法」といった言葉を聞いたことがあるでしょう。

そのクライアントの抱える悩みや状態に応じて、必要であればこのようなセッションを行い、より深い潜在意識にアクセスしていきます。

例えば、年齢退行であれば、あなたの人生の幼いころの記憶へ、前世療法であれば、その人の前世にアクセスして、過去の人生の物語を引き出していきます。インナーチャイルドの癒しであれば、潜在意識の中に存在する小さな子どもであるあなたを癒してあげます。

現代の科学を信じる人からすれば、「前世などない」「それは非科学的だ」などと批判を浴びせたくなるかもしれませんが、極端にいえば、たとえクライアントが語る前世が事実でなくても、それはなんの問題もありません。本当か作り話かは別として、わけのわからないイメージでも、それを語ることによってクライアントに「癒し」が起こることが大切なのです。

自己催眠は訓練を積めばひとりでも行えますが、このような作業は、ひとりではできません。ラポールで結ばれたクライアントとヒプノセラピストが共同することによって起こる前向きな変化です。ここにヒプノセラピストの存在意義があるのです。

> 信頼できるヒプノセラピストとともに、
> クライアント自身が望むゴールに向かって、
> 潜在意識のプログラムを最適化していくのが、
> ヒプノセラピーです。

求められる資質

「どんなタイプの人がヒプノセラピストに向いているか」とよく訊かれることがあります。

いろいろな性格の人がいていいと思いますから、答えはひとつではありません。

けれど、やはり共通して「必要だ」と思われる資質はあります。

「他人が、よい状態になるのが好きな人」

これは当然の性分のように思います。職業としてヒプノセラピーに従事すれば、当然、報酬を受け取ります。けれど、経済的な見返りだけでなく、ヒプノセラピーをすることでクライアントが好転する、幸せな気持ちで日々を過ごす方向に歩み出す姿を目にする喜びが、それ以上の励みになります。そういう気持ちが薄い人は長く続かないでしょうし、よいセッションをするための精進もできないように思います。

悩んでいる人を「何とかしてあげたい」と思うやさしい気持ちを持っている人、温かい愛情を持っている人が向いているでしょう。

私自身は、「人がよくなる」のがこの仕事を始める前から大好きですし、言葉を換えれば、少し「お節介」かもしれません。

学生時代から、友だちに頼まれれば見返りなど期待せず、レポートを書いたり勉強を教えてあげたりしたこともしばしばあります。無償の行為ですが、友人から、「やった、おかげでテスト、できたよ」と言われれば、それだけでうれしかったものです。物でも経験でも、いいものがあれば誰かとシェアをする、他人がうれしそうな顔をしてくれるとそれだけで喜べる性格は、私にもともと備わった資質と言えるかもしれません。

あとは、粘り強くクライアントの話を聞いてあげる忍耐強さ。聞き上手も重要です。そして、どんな物語が語られても驚かず、適切に対応できる柔軟性もヒプノセラピストの大切な資質でしょう。

ヒプノセラピストの使命と責任

ヒプノセラピーはまだ世間で正しく理解されていない側面があるように感じます。それは催眠の間違ったイメージがあることと、ヒプノセラピストやトレーナー同士の催眠に対する理解度やレベルの違いのため、本来のヒプノセラピーに出会えない人たちがいて、その人たちの不満が間違った認識を広げている恐れがあります。それだけに、真剣にヒプノセラピーを学び、ヒプノセラピストを志すみなさんには使命と責任があります。

まず、正しい知識とテクニックを学び技術を高めること。よりよいセッションができるよう自分自身を磨き続けること。それはもちろん重要です。

そして、ヒプノセラピストが絶対に守るべき基本的なことを肝に銘じ、ひとりひとりが正しい実践を重ねることで、ヒプノセラピー本来のイメージを世の中に定着させていきましょう。

この時代、ヒプノセラピーは心身のトラブルを抱えて苦悩する多くのクライアントから望まれています。その方々が安心してヒプノセラピストを訪ね、ヒプノセラピーによって希望に満ちた未来に歩み出せるようになるためには、ヒプノセラピーの正しいイメージの普及が必須です。

守るべき禁忌事項

ここでは、正統なヒプノセラピストが必ず守り、励行する大切なことをお伝えします。

どういう場合に催眠を使わない方がいいのか。あるいは、注意が必要なのかを明記します。

1 クライアントが、自身や他者に対して危険な存在である場合

もしクライアントが現在抱えている問題やパーソナルヒストリーの背景から、クライアント自身にとって、あるいはまわりの人にとっても危険だと感じた場合は、専門的な知識のある臨床医などに診てもらうように勧めましょう。この場合は、ヒプノセラピストが対応できる範囲を超えています。

2 精神的にかなり抑圧された状態、あるいは大きな衝撃がある場合

ある環境において、精神的にかなり抑圧された方、あるいは大きな精神的衝撃がある方の場合、催眠療法だけでは対応できないかもしれません。

そのような場合は、自殺対策などを専門にあつかっている臨床医などを紹介するのがよいでしょう。

3　生命を脅かすような致死的な病気の場合

生理学的に生命を脅かすような病気の治療として催眠療法に期待をかけている方などには、催眠によって起こりえる治癒には、いままだ議論の多いものがあり、催眠療法を受ける前に、まずは専門医に診断してもらうようアドバイスするべきです。

ちなみに、「催眠は、潰瘍、そしてそれらの症状を緩和させるための助けになる」と言うことは違法ではありません。しかしながら、「催眠によって、肉体的な状態を治癒させます」と言えば違法になります。

4　クライアントに精神的、あるいは神経的疾患がある場合

クライアントが多重人格症、統合失調症、ヒステリー、てんかんなどの場合は、専門医に診てもらうのが適切です。

5　異性の場合

異性の場合は、他に誰か監視できる人がすぐ隣の部屋にいるなどの場合にのみ、行われるべきです。そして、セッションの前に必ず契約をし、決め事を作っておくよう勧めます。

例えば、身体に触れない、などの約束です。

また、セラピストが実際には何もしていないにもかかわらず、「セクハラを受けた」などとクライアントから訴えられたりすることのないよう、対策を講じることも必要です。

ヒプノセラピストが決してしてはならない行為

そのほか、右に挙げた禁忌対象とは少し性格が違いますが、

「こちらの意見や考えを押しつける」

これは、決してしてはならない行為です。

クライアントのリソースを引き出すのが基本です。ヒプノセラピストは、あくまでもクライアントをサポートして、クライアントが主体性を発揮するという正しい方向性の元において、クライアントの答えを引き出すことが絶対的な基本であり、務めです。とても忍耐力のいる仕事です。

ヒプノセラピストは、
クライアントの答えを引き出すことが役目です。
その人が望むところに到達させる、
人の話を聞く忍耐強さが大切です。

第五章

催眠誘導を実践する

意識と無意識を隔てるフィルターを取り除く

意識と無意識の間には、「判断のフィルター」があると説明しました。そのフィルターがふだんは無意識を閉じ込めています。さらにそれ以前に、意識それ自体が、門番かガードマンのような役目を担い、無意識への他者の侵入を防ごうとします。

催眠誘導は、意識をゆるめ、いわばこのフィルターを取り除く作業です。

その方法は、ひとつではありません。催眠誘導にはさまざまな方法があります。そのうちのどれを選ぶかは、経験を積んでいけば次第に直感できるようになるでしょう。

しっかりしたトレーニングを受け、多くの方法を学び、身につけて、クライアントに応じて駆使できるように自分を磨いてください。

催眠誘導の目標は、意識と無意識を隔てるフィルターを取り除くことですが、それがヒプノセラピーの目的ではありません。そこはぜひ勘違いしないように、心がけてください。ヒプノセラピーの目的は、催眠誘導によって判断のフィルターを取り除いた後、クライアントが無意識にアクセスし、到達したいゴールにたどり着くことです。ただフィルターを取り除いただけで、その破り方が乱暴なために、その後のワークに支障をきたすようでは本末転倒です。

さまざまな催眠誘導法

あなたが他人の部屋に入るよう求められたら、どのような方法で部屋に入るでしょうか？

通常、もっとも自然な方法は、その部屋の主に鍵を開けて招き入れてもらうことでしょう。ヒプノセラピーでも、まさにそれが基本です。そのような自然な方法が、第三章で紹介した段階的誘導法だと理解してもらえばよいと思います。

催眠誘導にはその他にもいろいろなものがあります。時間のかかるものから短時間のものまで、許容的なもの、権威的なもの、混乱を引き出すものなどさまざまです。多種多様な方法があるのは、クライアントが複雑な心理を持っている場合があるからです。

ヒプノセラピーは、常にクライアントの要請が前提にあって始まるものですから、相手が催眠誘導を拒否することはありえません。ところが、「どうぞお入りください」と言いながら、一方で内鍵をかけ続けている、抵抗の強いクライアントもいるのです。

そんなときは、どうしたらよいでしょう?

あらかじめクライアントから鍵を受け取っておいて、外から鍵を開けるような方法も考えられるでしょう。クライアントの承諾を得た上で、少々強引な方法でドアを開けることも時には必要です。火事などで内部に危険が迫り、一刻を争う場合は、ドアを壊して入る手段をとる場合もあるでしょう。催眠誘導の方法がいくつもある理由は、そのように想像してもらえればよいかもしれません。

ヒプノセラピーの長い歴史の中で、さまざまな方法でクライアントの要望を満たそうと努力と研究を重ねてきた先人たちは、いくつもの方法を開発し、体系化してきました。

例えば、糸にぶら下げられて揺れている五円玉やロウソクの火を、じっと長い間見つめさせたりするといった、漫画やテレビなどでおなじみの手法も、古典催眠的な催眠誘導の一種です。

催眠誘導法を大別すれば、次の4つになります。

権威的誘導法

これは、古典催眠といわれている中世の催眠家たちが使用したテクニックから引き継がれています。

催眠をかける側は権威がある存在であり、受ける側は弱い立場に置かれます。医者と患者のような関係です。このような関係性は、受ける側の被暗示性を高めます。とくに中世の催眠家たちには医者が多かったので、ほとんどの催眠誘導は権威的に行われていました。

もっとも古典的はやり方は、19世紀のロンドンの医師、ジェームス・ブレイドがよく使っていた方法です。

ブレイドは1843年に、史上初めて、催眠に関わる書籍を出版しました。その本の中で、目の一点凝視がトランスを引き起こすことが紹介されています。これは、ロウソクの火など何らかのオブジェクトをじっと凝視させて催眠に導く手法です。ブレイドは、一点集中こそが被暗示性を高める重要な要素だと考えました。確かに、人は何か一点に集中することで、トランス状態に入っていきます。

ここで、この権威的催眠誘導法に分類される、「ドクターフラワーズ法」を紹介しましょう。

これはとても古い方法ですが、初心者でも簡単に使用することができます。繰り返しを使い、目の開閉を利用して催眠に誘導していきます。

ドクターフラワーズ法

目の前の壁を見てください。壁の向こうを見透かすようなつもりで。

とても心地のよい光景が見えています……ぼんやりと、夢を見るように、その光景を見ていてください。

まもなく、あなたの身体の筋肉はリラックスしていきます……顔の筋肉がリラックスしていきます……腕がリラックスしていきます……足がリラックスしていきます……身体全体から力が抜けていき、あなたは目を閉じて、深い、安らぎに満ちた催眠に入っていくのです。

ではこれから、私が1から20まで、数を数えます……ひとつ数えるたびに、あなたは目を閉じ、数と数の間で、目を開けます。そして、私が20まで数える途中のどこかで――それは15かもしれないし、10かもしれない、もしかしたら、5かもしれませんが、あなたは目を閉じます。そして、深い、安らぎに満ちた催眠に入っていきます。

いま、あなたの身体はリラックスしています。顔の筋肉がリラックスしています。腕がリラックスしています。あなたの足、そして、身体全体からもすっかり力が抜け、完全にリラックスしています……1、2、3……（20まで数える。クライアントが目を閉じたら、「目は閉じたまま、深い催眠に入ってください」と言って、コントロールを掌握する）

許容的誘導法

「そこの扉を閉めてください」

これが権威的な指示であれば、

「もしよろしければ、そこの扉を閉めていただけますか?」

という指示は、許容的な指示、ということになります。

権威的な催眠誘導はどちらかというと、権威者から一方的に行われる命令という要素が強いのですが、許容的な誘導法は、クライアントに選択肢を与えながら、お互いが協力しあって催眠に誘導するようなイメージです。

「段階的誘導法」はこれに分類されます。

混乱法

論理的な思考が強くてなかなかトランスに入れない人に対して使うのが一般的です。

論理的に考えるということは、つまり、顕在意識の働きと、クリティカル・ファカルティの働きが強い場合が多いので、顕在意識にわざと何かするべき仕事を与えます。

そして、顕在意識が仕事をしている間に、潜在意識とコミュニケーションをとって、クライアントをトランス状態に導きます。

即効系誘導法

すでにトランスに何度も入っているクライアントに対してや、お互いのラポールが強い場合などに有効で、時間をかけずにトランス誘導することができます。

この誘導法の理論的な根拠は、顕在意識をびっくりさせることで、クリティカル・ファカルティの働きが弱まり、そのすきにクライアントをトランス状態に導く、というものです。

ただし、初めてのセッションでヒプノセラピストとクライアントの間にラポールがないままに使用すると、逆に不快感をあたえる結果になる可能性が高いので、時と場合をわきまえて上手に使うことが大切です。

段階的誘導法の実践

ここで、もっとも容易でやりやすい「段階的誘導法」を例にして、催眠誘導を実践的に学びます。第三章では長めの誘導文を紹介しましたが、ここでは、誘導文を読むにあたってのポイントとともに短い誘導文を紹介しましょう。

誘導文を読むときの雰囲気、早さやテンポ、声の調子はとても重要です。

実際に例文を読む前に、クライアントが心地よく催眠状態に入れるようにするためのポイントを４つ、指導します。

ポイント1　読むスピード

クライアントが心地よく催眠状態に入れるよう、読むスピードに配慮が必要です。早すぎても意識が起きっぱなしになりますし、あまりゆっくりすぎてもクライアントは心地よくありません。ふだんの会話より少しゆっくりめのテンポで読み始めましょう。お互いの雰囲気を感じながら、相手の様子をさりげなく観察し、全体の雰囲気に調和させる感じで語りかけるとよいでしょう。

トランスに入っていくと、自然とお互いに心地よいテンポを共有することができるようになっていくでしょう。

ポイント2　声の高さ

ヒプノセラピスト自身が、「語っていて心地よい声の高さ」を探すのが一番よいと私は感じています。

普通なら、「クライアントが心地よく感じる声の高さで」と言いたいところですが、それを確認するのは難しいと思いませんか。よほど不快でない限り、声の高さに対してリアクションし、何か表情に表す人はあまりいません。それを読み取ることも難しいでしょう。そこで、自分が読んでいて心地よい高さを手がかりにするのです。これにはちゃんと意味があります。

　クライアントに暗示をかけながら、ヒプノセラピスト自身もトランス状態に入ることはとても重要だからです。案外忘れられがちですが、ヒプノセラピーは一方的にセラピストがクライアントに何かを与える作業ではありません。お互いに共同で心地よい空間を創り上げ、セッションを進めます。ヒプノセラピストがトランス状態に入れていないのに、クライアントだけがトランス状態になることは難しいでしょう。これは大切なポイントです。催眠誘導をしながら、セラピスト自身も心地よい状態に入っていくのです。

ポイント3　読むときの視線

　催眠誘導する場合、誘導文を読みながらクライアントを催眠状態に導いていきます。誘導文を暗記する必要はありません。けれど、棒読みというのか、ずっと下を見て、紙の文字を読むことに意識が注がれると、クライアントに言葉が染みていかず、催眠誘導はうまくいかないでしょう。読みながらも、できるだけ語りかける調子で、クライアントの顔や全体を観察し、状態の変化を見逃さないようにします。

片手に持った紙を、少し前の方に突き出すことで、紙を見ながら相手の顔も同時に見る方法は、ベテランのヒプノセラピストがよく用いる方法です。

場数を踏むと、クライアントの感情の変化、わずかな表情の変化、小さな仕種からも推察できるようになります。悲しい感覚、恐怖感、リラックス、そうした変化を見逃さないためにも、紙を前の方に差し出して、クライアントの顔と一緒に見る方法を身につけるのは大事です。

ポイント4　座る位置関係

催眠誘導をするとき、ヒプノセラピストはクライアントから見てどんなポジションに座ったらよいでしょう？

真正面に向かい合って座るのは、催眠誘導をするときの角度としては好ましくありません。あなたの姿が常に気になってしまうからです。

右隣か左隣か、どちらかに限定して席を用意するのもお勧めできません。

もっとも好ましいのは、右隣と左隣、どちらにも座れるよう、両方に椅子を用意しておくことです（椅子が置けるスペースを確保しておきましょう）。

左右のうち、どちらかの耳を主体にした方が聞きやすいという感じを持っている人は少なくありません。もしあなたの声がその反対の耳から入ってくるとしたら、心地よく催眠状態に入れるでしょうか。また、誰かと一緒にいる場合、「右側にいてもらう方が落ち着く」、あるいは「左側にいてもらう方が落ち着く」という感覚を明確に持っている人もいます。

もしスペースや椅子の数に限りがあるなら、あらかじめクライアントにどちら側に座りたいか、聞いてから椅子をセットするとよいでしょう。

それでは実際、誘導文の例文を読んで練習しましょう。

最初は自分ひとりで読んで練習し、感じがつかめたら、催眠を体験したいと希望している友人か家族にクライアントになってもらって、催眠誘導を実践してみましょう。

催眠誘導文の例(短いバージョン)

呼吸に意識を向けましょう……。

息を深く吸って、そして、止めて……、そして、吐いてください……。

ストレスや緊張などの、すべての不必要なエネルギーが、身体の外に出ていきます……。

鼻で深く息を吸って、口から吐きます。この素晴らしい心地の良さを感じてください……。そして、これから私が、10から1まで数を数えます。

ひとつ数えるごとに、あなたは10パーセントずつリラックスしていきます。数がひとつ減っていくごとに……、10パーセントずつリラックスしていきます……。

＊

とても心地のよい、リラックスした催眠状態へと入っていきます……。

その状態は、どんどん深くなっていき、私が数を数え続けている間、あなたの身体は、まるで、かすかに浮かんでいたり、あるいは、沈んでいくような、そんな感覚を感じるかもしれません。

しかしこれは、あなたの身体と心が、とても深い、リラックスした状態に入っていくことを意味しています……。

私が数を数えている間、さらに深く深く入っていきます……。10、9、深く、深く、リラックスして、8、7、6、さらに深く、もっとリラックスして……、5、4、3、さらに、深く、深く、2、1、一番深いところまで、深く、深く……、すっかりリラックスしました。
そして、リラックスした感覚はどんどん深くなってきて、あなたの心、あなたの無意識は、もっともっと深く、そして、もっともっと完全に……、もっともっと深く……、リラックスしていきます。

誘導文を読むときは、
自分もクライアントも一緒に心地よく、
深いトランス状態に導く気持ちで
読みましょう。

第六章 ワークを磨く

ワークは明確なゴール設定のもとに行う

セッションに来られる方は、自分の中に不平・不満を持っておられます。だいたいの方は、「影響側」のポジションで不平・不満を言われます（影響側と原因側については第二章で紹介しました）。

言い換えれば、「自分が望んでいないことが、自分のまわりで起こっている」と話しているのです。妻や夫のこと、子どものこと、学校や職場のことなど、「なぜ自分は不幸なのか」という理由の方に意識が向いています。

ずっとクライアントの不満を聞いた上で、

「じゃあ、どうなりたいのですか?」

と質問すると、

「えっ?」

と、言葉につまる人が実は少なくありません。

不平・不満はあるのに、「どうなりたいか」という答えがないのです。案外、クライアント自身は答えを持っていないことが多いものです。

マインド（心）は、「望んだところに行く」という特徴があります。

マインド（心）は、「向かおうとしているところに向く」のです。

休日に、「遊園地に行こう!」と決めるから、そこに行けるのです。

セッションに来て不平・不満を言う人は、意識がある特定のことばかりに向かっている人です。つまり、そうしたクライアントは、これまで自分自身が望まないところにばかり行ってしまっている人なのです。

「ヒプノセラピーをやりたい!」

「前世療法をやりたい!」

「年齢退行をやりたい!」

「インナーチャイルドを癒(いや)したい！」

などと希望して来られる方がいます。

でもその方々に、

「それでどうなりたいのですか？」

と質問すると、ほとんどの人が答えられません。

ヒプノセラピストは、ここで重要な作業を行います。

はじめに説明したとおり、効果的なヒプノセラピーのセッションとそうでないセッションの違いは、案外ここにあります。ゴールを設定することの重要さを学んでいないヒプノセラピストは、セッションの目的やゴールを曖昧(あいまい)にしがちです。その状態でセッションを始めると、ヒプノセラピストとクライアントは一体どこに向かえばいいのかわからず、行き当たりばったりの迷走を続けることになりがちです。

大切なのは、セッションの目的とゴール設定を明確にし、お互いに共有することです。

セッションのすべては、その目的とゴールへの到達を目指して行われます。そうすればセラピストとクライアントの向かう先もはっきりして、揺らぐことがありません。

そこでヒプノセラピストは、クライアントにこう語りかけます。

「あなたはいったい何をしたいのですか？　どのような自分になりたいですか？」

セッションを行う前に、
クライアントの話をよく聞いて
ゴールの設定を明確にし、
お互いに共有しましょう。

ゴールの設定方法

訪ねて来たクライアントにインタビューをして、セッションのゴールを設定します。
インタビューでは、主に次のような事柄を質問します。

インタビューの内容

①どうなりたいのですか？
　解決したい問題は何ですか？

期限を決めるべきものなら、いつまでに、ですか？

また、エコロジー・チェックも重要です。

エコロジー・チェックとは、そのゴールが自分だけでなく、人にも環境にもWin-Winであることを確認するプロセスです。あなたのなりたい状態は、自分にも他人にもまわりの環境にもよいものですか？

②それが達成（解決）できたことは、どのようにしてわかりますか？

③成果を達成するのは、いつ、どこで、誰と、ですか？
　何が見え、何が聞こえ、何を感じますか？

④そうなることで、あなたが得られる利益は何ですか？　どうなるのですか？

⑤そうなるために、あなたがすでに持っている要素は何ですか？

⑥ゴール達成の障害になっているもの（制限をかけているもの）は何ですか？

⑦成果を手に入れることは、あなたの人生にとって、どのような意味がありますか？
ゴールを達成した後の状態を感じてください。ゴールを達成したことによって、どのようなよいことがあり、自分の存在意義や価値をより高める上でどんな意味があるのでしょうか？

⑧そうなるために、何をしますか？
何を、いつ、どこで、どのように？

暗示と暗示療法

暗示とは、催眠誘導によってアクセスした潜在意識に対して、ダイレクトに言葉を語りかけることで、内部表象に変化を与えることを言います。

内部表象とは五感で構成されており、五感とは視覚・聴覚・体感覚・嗅覚・味覚のことで、意外かもしれませんが、催眠状態に入ると、ふだんよりも強く五感が働くようになります。この五感は、内的な心の状態（ステート）と密接に関係し、ステートは行動にも影響を与えます。

暗示とは、肯定的な変化を起こすために、この内部表象に対して言葉によって直接影響を与えていきます。

暗示を使ったセラピーは、「暗示療法」と呼ばれます。

クライアントの心の状態をある特定の状態に維持するために、あるいは、肯定的な変化を与えるために、またあるいは、ある行動パターンを確立させるために、言葉によって潜在意識を最適化させます。

言葉は人が催眠に入ったときに潜在意識とコミュニケーションをとるための主な手法であり、潜在意識に対して言葉がけをする暗示は、もっとも基本的なヒプノセラピーのテクニックといえるでしょう。

潜在意識は顕在意識と違って、批判機構がありません。そのため、暗示を素直に受け取ってくれるという性質があります。とくに繰り返し与えると、それがどんどん定着していきます。

例えば、「男性と話をしていると緊張する」というクライアントに対しては、催眠状態において、潜在意識に対して「あなたは男性と話をしていてもリラックスする」というふうに、繰り返し言葉で語りかけることで、新しい行動パターンをインストールします。

「人前で堂々とできない」と悩むクライアントに対しては、「あなたは人前で堂々とできる」と、高所恐怖症で飛行機に乗れないクライアントならば、「リラックスして飛行機に乗ることができる」と言葉で語りかけて暗示を与えます。

さまざまな分野において暗示を使用することが可能で、野球選手に対して「もっと落ち着くことでボールがよく見えるようになる」と語りかけるケースや、ビジネスマンに対して「あなたの営業能力はもっと向上していく」と語りかけるケースもあります。

暗示は1回のセッションで効果が出る場合もありますが、通常は、自己催眠などを使って、繰り返し与えることでより定着します。

ここで、暗示が人の成功・失敗に対してどのように関わっているかを表すチャートを紹介します。

暗示
⇩
信念
⇩
感情
⇩
態度
⇩
行動
⇩
成功／失敗

「どうせダメだろう」

という暗示が入っている人は、感情や態度・行動にもそれが出てきます。

一方、肯定的な暗示がプログラムされている人は、「とりあえずやってみようか」

といった明るさがあり、ポジティブな態度につながります。

暗示は肯定形で行う

潜在意識は、否定形を理解しないという性質を持っています。そのため暗示を行う
にあたっては、肯定形で語ることが大切です。
例えば、「青い木を想像しないでください」と言われたら、あなたは何を想像しま

すか。もちろん、「青い木」を想像したのではないでしょうか。これが、否定形を理解しないという性質です。

「あなたは人前に出ても緊張しない」という暗示を与えられたら、どうなるでしょうか。

当然、与えられた側は、緊張することになるでしょう。なぜなら、「緊張しない自分」を達成しようと思えば、自然と「緊張している自分」というイメージが出てきてしまうからです。

原則として、意識は集中するところに向かいます。そのため、「緊張しない自分」を達成しようとすれば、意識は「緊張している自分」を探し出し、そこに集中しようとしてしまいます。

では、「あなたは人前に出てもリラックスしています」という暗示では、どうでしょう。

「リラックスしている自分」に意識が強く集中すればするほど、「緊張している自分」は意識の外になって、遠のいていきます。そして意識は集中していることを達成しようとしますので、「リラックスしている自分」に集中していればいるほど、それを達成しようとします。

何よりも大切なのは、暗示を行うときは、クライアントに対して、よろこんで従いたくなるような価値を提案することです。潜在意識は本当に自分のためになると信じられる提案ならば、そして、そこにメリットがあれば、絶対に従いたくなるものなのです。

同じ意味であっても、「あなたはもう落ち込むことはない。退屈することもない」という暗示は悪い例であり、「あなたは生き生きしている。エネルギッシュだ」という暗示がよい例といえます。

非現実的な暗示は効果がない

潜在意識は暗示に従うという性質を持っていますが、催眠下でどんな暗示も受け入れるのかといえば、そうではありません。人は催眠に入っていても、顕在意識の働きが止まっているわけではなく、クリティカル・ファカルティ（判断のフィルター）もいつでも出てくる準備をしています。

いくら催眠に入っていて被暗示性が高まった状態であっても、すこしでもクライアントの望むものからかけ離れていたり、その言葉が現実的であると思えなかったりする暗示を言われると、顕在意識とクリティカル・ファカルティが即座に作動してしまい、クライアントはそのような暗示を受け入れません。

例えば、「あなたは来月、ノーベル賞をとる」という暗示を与えられたとして、その暗示をまともに受け入れるでしょうか。おそらく、受け入れないでしょう。

では、あなたが個人事業主で、今年の売り上げが1000万円、来年は1200万円の売り上げ達成を狙い、そこに向けて努力しているとします。

この場合、「あなたは来年、1200万円の売り上げをあげる」と暗示すれば、これは受け入れてもらえそうですし、受け入れたいですよね。

しかし、年収500万円のサラリーマンでビジネスやマーケティングの知識もない人に、「あなたは来年、1200万円の売り上げをあげる」と暗示しても、受け入れるのは難しそうです。

一度、潜在意識がその暗示を受け入れると、心はそれに向かって動こうとします。そして体は心に支配されたロボットのように、それに従って行動が変わっていくのです。

暗示文を作成する

ここで、面談時のインタビューによってクライアントから引き出した言葉を具体的に書きとめたものと、ワークを行うにあたって、そのゴールを目指してクライアントに与える暗示文の一例を示します。

インタビューはゴール設定を明確にしてそれをクライアントと共有するためのものであり、ここで引き出した要素が、暗示文を作るための材料となります。

この例のクライアントは45歳の男性会社員、妻とひとり息子がいます。本人が抱えている問題は、何度もダイエットに挑戦しながらも、つい挫折を繰り返してしまっていることです。

この男性がセッションを受けたのは1回ですが、インストールした暗示をより定着させるために、ヒプノセラピストのアドバイスに従って自宅で自己催眠を行うことにしました。自己催眠については、第七章をご覧ください。

インタビュー例

①どうなりたいのですか？

「3か月後、今年の7月30日までに、3キロやせて、72キロになりたい」

②それが達成（解決）できたことは、どのようにしてわかりますか？

「自宅の風呂場の横の体重計にのって体重を確認する。そして、目標を達成したことを理解する」

③成果を達成するのは、いつ、どこで、誰と、ですか？

「自宅で、家族と一緒に。妻は『すごいね。よくやったね』と言ってくれ、息子も喜んでいる。町を歩いても、ガラスに映っている自分の姿を見て、納得している」

④そうなることで、あなたが得られる利益は何ですか？　どうなるのですか？

「外見がよくなる。いい気分を味わうことができる。腹まわりがすっきりしている」

⑤そうなるために、あなたがすでに持っている要素は何ですか?
「やる気。自尊心」

⑥ゴール達成の障害になっているもの(制限をかけているもの)は何ですか?
「仕事帰りに、つい『明日からはじめればいい』と思い、ラーメンや牛丼を食べてしまう」

⑦成果を手に入れることは、あなたの人生にとって、どのような意味がありますか?
「自分に誇りを持つことができる。よい健康状態を維持することで、仕事でもプライベートでも、前向きに生きることができる」

⑧そうなるために、何をしますか?
「食事量を調整する。空腹を感じたときだけ、腹八分目をとる。朝と寝る前に自己催眠を行う」

インタビューを通じてクライアントとゴールを共有した上で、この情報をもとにしながら、ワークで使用する暗示の内容を組み立てます。

暗示文は、できるだけ具体的に、ポジティブな表現になるよう心がけます。

暗示文の例

7月30日の朝、あなたは自宅にいます。

お風呂場の横の体重計にのっています。体重計の目盛りは、72キロを指しています。

そして、あなたは奥様にそのことを誇らしげに告げます。

その報告を聞いたあなたの奥様は喜んで、「すごいね。よくやったね」と言っています。あなたの息子さんも大喜びです。

あなたはいま、とてもいい気分です。

町を歩いているところを想像してください。

大きなガラスに映る自分の姿を見ながら、あなたはとてもよい気分を味わっています。

外見がよく、とてもスリムです。そして、あなたは自分に誇りを持っています。

ベストな体重とよい健康状態を維持することで、仕事においてもプライベートにおいても、あなたはさらに前向きに生きています。

あなたはこの目標を達成します。

しかも、らくらく達成します。

あなたは食事の量を上手に調整します。

朝と寝る前には自己催眠を行います。

そうすることで、日に日にこの目標を達成する力が強くなります。

イメージ療法

催眠療法のワークの中には、さまざまな手法があります。暗示療法以外の代表的なものについても、触れておきましょう。

イメージ療法、いわゆるイメージ・トレーニングも催眠療法のひとつです。現在はスポーツやコーチング、医療の現場でも活用されています。

医療の現場では、がんや疾患の症状の緩和のために、患部にイメージで光を当てたりなどをしてヒーリング効果を期待します。スポーツ選手の例としては、アンソニー・ロビンズの指導のもとでイメージ・トレーニングを行ったテニスプレーヤーのアンドレ・アガシが有名です。スランプに陥っていたアガシは、何度も何度も試合で起こることをイメージすることで、見事、優勝したのです。

第二章でも説明しましたが、イメージ・トレーニングが効果を出す理由のひとつに、潜在意識は現実と非現実の区別がつかないという特徴を持つことがあげられます。レモンをイメージし、想像の中でレモンをかじったときに起こる身体の微細な神経の動きは、実際にレモンをかじっているときとまったく同じであったことが報告されています。

これも実話ですが、刑務所に入っていたあるゴルフ好きの人が、服役中は当然ながら練習ができないので、何年にもわたって、イメージの世界でゴルフの練習をしていました。任期を終えて出所して、ゴルフを行ってみると、実際に上達していたということです。

実際にそれを行わなくても、イメージ・トレーニングを通してある行動パターンを潜在意識に覚え込ませると、身体はそれに沿った動きしかできないので、イメージどおりの結果を出すことができるのです。

ヒプノセラピーにおけるイメージ・トレーニングとは、催眠状態において、現実と非現実の区別がつかない潜在意識に対して、ゴールに達した際のイメージをインストールして、その通りの結果を出す目的で行われます。

この手法は本来、催眠暗示の効果を高めるために、暗示の補足として用いられてきました。例えばなんらかの恐怖症の人に、恐怖となっている感情をイメージの中で再現してもらい、その感情を繰り返しイメージしてもらうことで、恐怖心に対する過敏性を低減させていきます。私たちが何かをイメージするときには、心の中の内部表象、すなわち、視覚・聴覚・体感覚・嗅覚・味覚の五感を使います。イメージ療法はこれらの表象をうまく活用します。

飛行機恐怖症のクライアントを例にしましょう。

クライアントに、実際に飛行機に乗っているところを想像してもらいます。

まず出発前、ゆったりした気分で座席に座っているところからはじめます。ここで、視覚イメージを使います。座席に座っている自分を視覚イメージを通して見ています。そして、座席に座っていて安心している感覚を感じます。これは体感覚を使っています。出発前のアナウンスやまわりの人の声などが聞こえています。これは聴覚です。

この時点で、すでになんらかの緊張が見られるかもしれません。

しかし、まだ飛行機は飛んでいないから安全だという暗示とともに、出発前のリラックスした状況をイメージさせます。

場面を進め、飛行機が離陸するときをイメージしてもらいます。もちろん、最初はイメージしただけで、恐怖心という体感覚が伴うかもしれません。その場合は、また元に戻って、何度もイメージさせます。

ここでは飛行機が落ちる確率はとても低いという暗示とともに、何度も同じシーンをイメージさせることで状況に慣れさせるのです。人は同じことを繰り返すことで、それに慣れてきますので、イメージの中ではありますが、どんどん先に進んでいけるようになります。

さらに場面は進み、飛行機は上空を飛んでいますが、気流の関係で、たまにゆれたりもするでしょう。このときの視覚・聴覚・体感覚イメージを何度も何度も恐怖心を感じなくなるまで体験させます。

すると次第にこのイメージに慣れてきて、実際の飛行機に乗ることができるようになるのです。

年齢退行

ヒプノセラピーに関心を持っている人なら、「年齢退行」「インナーチャイルドの癒し」「前世療法」という療法の名前を耳にしたことがあるでしょう。

この3つは大変人気の高いテクニックで、これらを学びたいと強く希望して、ヒプノセラピーのスクールで講義を受講する人も大勢います。

これらはいずれも、退行療法と呼ばれる手法です。

年齢退行ではまず、問題の根っこになっている過去の記憶やイメージを、催眠状態において、潜在意識の中から正確に掘り起こします。そうして引き出した記憶やイメージに対する認識を、ポジティブなものにして再認識させるのです。

無意識の領域にある時間軸をさかのぼり、いま生きている人生の初期の記憶やイメージを扱うのが年齢退行で、さらに前世までさかのぼるのが前世療法です。インナーチャイルドは、年齢退行のテクニックを使用することで出現します。そして、この傷ついたインナーチャイルドを大人になった自分が癒すことができます。

何度も説明しているとおり、ヒプノセラピーは、クライアントが「そうなりたい」

と願うゴールを設定し、そこに向かって催眠を通じて働きかける療法です。

ところが、クライアントの中には、ゴールと反対方向に向かおうとするネガティブな力を強く持っている人がいます。ヒプノセラピーでは、ゴールに向かってポジティブなイメージを繰り返しインストールすることで成功のイメージをプログラミングするのですが、ネガティブな力が強い場合は、なかなかポジティブなイメージが定着しません。

例えば、「お金に対して罪悪感がある」「男性に対して恐れがある」といったクライアントに対して、いくら成功イメージだけをインストールしても、改善には時間がかかります。短い時間で最大の効果を上げるためには、クライアントの中に根強くあるマイナスのプログラミングを、催眠を通じて直接掘り起こすことが効果的です。年齢退行を使うことで、セッションのスピードを上げることができます。

樹木には年輪があり、その年輪を見れば、どの時期にどんな環境の変化があったかがわかります。人間の記憶にもいわば年輪があり、現在の悩みなどの原因となった出来事や体験がその中に隠されています。

それを掘り起こした上で、そこにプログラムされていた「否定的な感情」や「制限された決断」を解放させてあげるのです。

否定的な感情とは、代表的なものをあげれば、怒り、悲しみ、恐怖、罪悪感、傷心、などです。制限された決断とは、「自分は〇〇することができない」という思い込みのことです。

これらのネガティブな力は、たいてい幼いころにインプットされると考えられています。

社会学者のモリス・マッセイ博士によれば、人は「刷り込み期」と呼ばれる0歳から7歳までに体験したことを一般化させて、暗示として潜在意識にプログラムします。そして、これらの積み重ねが人の性格や行動の元になっています。このような理由から、モリス・マッセイ博士は、「あなたが7歳までにどうすごしたかが、あなた自身である」と言っています。

そのような刷り込み期にプログラミングされた根深い不必要なエネルギーを消し去った上で、新しい暗示を与えようという発想から生まれたのが、年齢退行です。

催眠によって年齢退行に導くと、現在の悩みを生み出す原因となった過去の記憶や、マイナスのイメージの物語を作った象徴的な場面が出てきます。

多くの場合、幼いころは物事を一方的な目でしか見ていません。いまの自分が過去の記憶にフォーカスして、見方をどんどん変えていくという試みでもあります。

なお年齢退行や前世療法などは、ヒプノセラピーのテクニックの中でも、もっとも難しいもののひとつです。熟練した技術と経験、そして方向性と哲学が求められます。行うには細心の注意が必要で、間違って行えば、トラウマを癒すどころか、強化させてしまう危険性もあります。この技術を身につけるためには、実際にスクールに通って信頼できるトレーナーに学ぶことをお勧めします。

インナーチャイルドの癒し

年齢退行の目的はトラウマの根源となる記憶とイメージを掘り起こし、否定的な感情や制限を解放してそのトラウマの認識を変化させることですが、退行したときに同時に必ず出てくるのが、「傷ついたインナーチャイルド」です。

インナーチャイルド、すなわち「内なる子ども」とは、潜在意識の中にいまもそのまま存在する、子どものころのあなたのことを指します。

「子どもは自分を無条件に受け入れてくれる親が必要であり、自分が必要とされていることを確信することで、自分を信じ、他人を信頼することができるようになる」というのは、『インナーチャイルド――本当のあなたを取り戻す方法』（ＮＨＫ出版）を書いた、ジョン・ブラッドショーの言葉です。

多くの子どもが親の愛を得るために感情を抑制し、怒りや心の傷をかかえたまま大人になるそうです。

そして、無視され傷ついた過去の内なる子ども、つまり、インナーチャイルドは、私たちの精神的苦痛の根源になると、ブラッドショーは言います。

傷ついたインナーチャイルドをそのままにしておくと、成長が抑えられ、怒り、傷心を抱えた大人になると言われており、大人となっているあなたの行動を制限しています。

「インナーチャイルドの癒し」では、この傷ついたチャイルドを大人のあなたがイメージの中で癒すイメージワークを行います。あたかもタイムマシンで大人のあなたが子ども時代のあなたに会いにいくかのごとく、インナーチャイルドを抱きしめて癒すというワークが一般的です。

前世療法

前世療法も一般的によく知られる療法です。

年齢退行は、どんなに古くてもお母さんのお腹の中にいるときの記憶までしかさかのぼれませんが、前世療法はもっと前、前世までさかのぼらなければいけない場合に使うテクニックです。

これが有名になったのは、アメリカのブライアン・L・ワイス博士が1988年に刊行したMany Lives, Many Masters（多くの人生、多くのマスター）がきっかけです。この本は世界中でベストセラーとなり、日本でも1991年に『前世療法――米国精神科医が体験した輪廻転世の神秘』（PHP研究所）として翻訳出版されて、この言葉も同時に広まりました。

ワイス博士がマイアミのシナイ山医療センターで精神科部長をしていたときの話です。年齢退行を好み、クライアントによく年齢退行の手法を用いていました。ところが、本の主人公にもなっているキャサリンという女性の場合は、年齢退行では効果がなく、ある日、不思議な現実が起こったのです。

薬があまり効かないキャサリンには年齢退行のセッションを重ねて、いろいろなトラウマが見つかりました。幼いころ、父親から受けた虐待の記憶などです。ワイス博士は、それでキャサリンのトラウマをうまく解放できたと期待したのですが、あまり症状は変わりませんでした。

何が原因か、あれこれ悩んだ末、ワイス博士はある日、

「問題の原因になったところに戻りなさい」

と言いました。

キャサリンに、ふだんはしない漠然とした命令をしたのです。するとキャサリンは、それまでとは違う、ファンタジー的な場面を語り出したそうです。耳を傾けていると、どうやらキャサリンが語っているのは古代のシーンです。しかも、語っているのは、キャサリンではありません。別の名前、違う年齢、まったく別の人生を生きている人が博士の目の前で語っているのです。

それは、キャサリンがいまの人生のはるか前に生きていた人生だと、博士はまもなく気がつきました。そして、その遠い前世であったトラウマがキャサリンの現在にも影響を与えているのだと感じました。もちろん、ワイス博士も最初は半信半疑でした。ところが、結果として重要だったのは、そのセッションの後、キャサリンの病状が劇的によくなったことでした。

ふたたび退行を命じると、キャサリンはまた前世に戻り、そして病状はまたよくなりました。こうしたセッションを繰り返す過程で、クライアントが、ワイス博士の亡くなったお子さんや父親からのメッセージを伝えてくれたこともあったそうです。

大切なのは「心理療法として効果がある」という事実

潜在意識は、素直に命令に従う性格があるので、

「トラウマに関わる前世に戻ってください」

と誘導すると、クライアントは高い確率で前世の記憶を語り出します。

けれど、ひとつ、大事な確認をしておきたいと思います。

「前世療法は、トラウマを癒すために行うのであって、前世の存在を確認するために行うのではありません」

興味本位で、前世を知る、前世を確認するために行うものだと勘違いしている人が少なくありません。また、スピリチュアルなイメージを売り物にしているカウンセラーの中には、積極的にそれを強調している人もいます。

本来、ヒプノセラピーのスタンスは違います。それが前世であるかどうかの真偽はあまり重要ではありません。クライアントがかかえている問題を解決するために効果があるかどうかが大切なのです。それが、前世療法を心理療法として使う場合の注意点です。

「そうか、それが私の前世なのか」

そのように納得する人もいるでしょうが、正直なところ、本当に前世かどうかを証明する手立てはありません。アメリカで調査したある統計があります。前世療法を受けた人に聞き取り調査を行い、

「あなたの語った物語は、間違いなく前世だと確認できましたか？」

と尋ねたのです。すると、「確認できた」と答えたのは、わずか7～8パーセント。92～93パーセントのクライアントが「確認できなかった」と答えています。それでも、前世療法の効果は画期的で、多くのクライアントがそれまでの投薬やセッションで治らなかった症状の改善に感激しています。

注意すべきは、「前世療法であなたの前世を見せますよ」といった高い期待を抱かせて前世療法を行ってはいけない点です。アメリカでも、前世療法はとてもポピュラーですが、「前世を確認させる」という言い方は主流ではありません。そこはよく理解しておくのが賢明でしょう。

ではなぜ前世療法を行うのか。それは効果が高いという事実がわかっているからです。

私も2008年にワイス博士からプロフェッショナル・トレーニングを受けました。

そのとき、ワイス博士に、「クライアントが語ったのは間違いなく前世なのでしょうか？」と尋ねました。

するとワイス博士は、「クライアントが語るドラマには、いくらかのゆがみや創作はあるけれど、私は、80パーセントは前世である確率が高いと思っています」と言った上で、「もっと確実に言えることは、前世か前世でないかを議論する以前に、クライアントから出てきたドラマは、トラウマの基になっているメタファーであることは間違いありません」、そう教えてくれました。

前世かどうかの証明はできない。だからといって、前世ではなかったという証明もできない。そのため、いまアメリカでは、そのような不毛な議論はもうされていません。

明らかな事実は、心理学的な側面として、心理療法として効果が絶大であるということです。万能とは言えませんが、短期間で難しい問題を解決する素晴らしい療法です。私自身、セッションでしばしば前世療法を用います。何年も、どんな病院に行っても治らなかった恐怖症が、たった一度の前世療法で見事に改善したりする実例を体験しています。

第七章 自己催眠とは

暗示を繰り返し与えるために

潜在意識は現実、非現実の区別をつけることができず、プログラムされたものを現実として認識します。それが暗示となり、行動が変わっていく流れは、第六章で説明しました。

そのためにクライアントのゴール到達に向けた暗示を催眠においてインストールするのですが、暗示は繰り返し与えて定着させることが必要です。

潜在意識は暗示を繰り返されるとそれを現実として受け止めるという性質があるた

めに、繰り返し与えることはとても効果的なのです。

しかし、毎日暗示を受けるためにセラピストのもとへ通うわけにはいきません。

そこで、ヒプノセラピストがクライアントにアドバイスするのが、「自己催眠」です。

第一章で「催眠はすべて自己催眠である」と言いましたが、ここで説明する自己催眠は、ヒプノセラピストの手助けを得ることなしに、自分で自分自身の潜在意識に暗示を与えるものです。自己催眠の方法を知ることで、セッションで与えられた暗示や、年齢退行やインナーチャイルドの癒しや前世療法で引き出すことができた気づきを、自宅でもどこにいても、しっかり定着させることができるのです。

自己催眠の方法

自己催眠はひとりで手軽に行うことができます。なぜなら、催眠とは日常生活の中にある自然な状態であり、そういう状態は自分ひとりでも作り出すことができるからです。例えば夜寝る前の床に就きながら、心の中で暗示を唱えるのも立派な自己催眠です。

また、ひとりで道を歩いているときにもできますし、お風呂の中でもできます。

ここでは、読者のみなさんがやりやすいように、簡単な自己催眠フォームを作成しました。

リラックスできる場所を探して、以下の手順にそって自己催眠を行ってください。

自己催眠フォーム

落ち着いている……リラックスしている……自分をコントロールしている……落ち着いている……リラックスしている……自分をコントロールしている……安全だ……心が解き放たれている……そして、身体中の筋肉がほぐれていく。

太陽の光が、わたしの頭から身体の中に差し込んできて、リラックスした感じと、あたたかさが全身に広がっていく(実際にそうなっているところをイメージしてください)……そして肯定的なエネルギーが私の中に残って行く……落ち着いた感じだ……リラックスしている……自分をコントロールしている。

わたしの心はいま大きく開いていて、これから私が自分自身に与える、自分に役に立つ暗示を受け入れる。

催眠状態に入ったところで、具体的な暗示を入れます。次頁の「自己催眠暗示文の例」をご覧ください。

暗示が入れば以下の文章を読み、催眠状態から覚めるようにします。

わたしがいまから1から10まで数えると、わたしはすっきりと、そして、はっきりした気分で目を覚ます。（1から10まで数えたら目を覚ましてください）

そのまま眠りに入るときは、次のように唱えて眠りについてください。

落ち着いた気分だ……リラックスしている……自分をコントロールしている……とても静寂で……リラックスしている……自分をコントロールしている……

自己催眠暗示文の例

成功する

わたしには成功する資質がある。成功とはある特定の選ばれた人々に与えられるものではなく、わたしのためのものだ。わたしは自分に相応しい成功を達成するために、必要なことを行う。わたしは自信と決意を持ってこれらのことを行うことができる。自分が向上していることに気づきはじめ、目標に向かい、どんどん進んでいく。わたしは成功することができるし、成功する。（必要なだけ繰り返す）

不眠症

わたしは穏やかな眠りに落ちてゆく。朝になればとてもさわやかな気分で目を覚ます。わたしは心地よく自然な眠りに落ちてゆき、美しい夢を見る。これらの素晴らしい夢は、わたしを夜の間ずっと眠らせる。わたしはとても穏やかな深い眠りに落ちてゆく。（必要なだけ繰り返す）

あがり症

わたしは落ち着いた態度で人前に出ることができる。わたしは状況をしっかり把握して安定した気持ちでいることができる。話したいと思ったことが流れるように言葉として楽に出てくる。そして、上手く話せた満足感を感じる。（必要なだけ繰り返す）

エミール・クーエの自己催眠

エミール・クーエ（1857－1926）はフランスで薬剤師をした後、独自の自己催眠法を発見した催眠家ですが、クーエの薬局に訪れてはいつもしつこくあれこれと身体の不調を訴える客がいました。

ある日、この客がいつものように、

「何か新しい薬はないですか？　いつもの薬はあまり効かない」

と言ってきます。クーエとしてはとにかく何か薬をわたさなければ帰ってくれそうにないので、

「そういえば、すごく効く薬があるのです」

と言ってその客に、それまでと同じ成分の薬を手渡しました。そして数日後、その男がとても機嫌よく表れて、こう告げたといいます。

「とても調子がいいよ！　ありがとう！」

このことがきっかけでクーエは、独自の自己催眠法を確立させることになりました。以下で紹介する方法は、もっとも有名なクーエの自己催眠法です。

クーエの自己催眠法の実践

今日から10日間、床に就くときに、以下の暗示を10回唱えてください。

「毎日、あらゆる面において、わたしの人生はどんどんよくなっていく」

この暗示を自分自身に与えながら、あらゆる面においてあなたの人生がよくなっているところを心に思い浮かべてください。

眠りこまないように、数がわからなくならないように、暗示が10回になるまで、右手の指、それから、左手の指を折りながら数えていきます。

このときあなたは、自己暗示を使って自分自身を効果的にプログラムすることを学ぼうとしています。ですから、暗示を10回繰り返すまで眠りこまず、この方法を毎日実行することが大切です。

眠りに入る前に前向きな暗示を与えることで、自分自身を効果的にプログラミングすることができます。これを毎晩行うと、夜はぐっすりと眠れ、翌日には暗示にとても肯定的に反応していることを感じるでしょう。

思い込みのパワー、ライトさんの話

わたしたちの無意識の力を語るにあたって、とても印象的なお話があります。がん患者ライトさんの事例です。アーネスト・L・ロッシ『精神生物学（サイコバイオロジー）――心身のコミュニケーションと治癒の新理論』（日本教文社）に収録されている、心理学者ブルーノ・クロッパー教授が1957年に発表した文書をもとに、ご紹介します。

悪性のリンパ肉腫にかかっていたライトさんは、全身に大きな腫瘍（しゅよう）ができ、マスクによる酸素吸引も欠かせず、完全に末期状態と見られていました。

それでもライトさんは希望を失っていませんでした。抗がん剤の新薬「クレビオゼン」が新聞に発表されていたからです。米国医学協会による新薬の臨床試験が始まることになり、その実施施設のひとつとして自分のいる病院が選ばれたことを聞きつけたライトさんは、ぜひ試してくれと強く希望します。ライトさんは2週間以上の余命も期待できそうになく、臨床対象として本来は不適格でしたが、あまりの必死さに、クロッパー先生は新薬を投与することに決めます。

新薬の投与は週に3回、ライトさんは金曜日に最初の注射を受けました。

そして週明けの月曜日、先生が目撃したのは、これまで呼吸も困難で寝たきり状態だったライトさんが、病院内を歩きまわり、看護婦たちと楽しげに談笑している姿でした。大きな腫瘍も元の半分の大きさになっていました。

先生は同時期に投与した他の患者たちの様子をあわてて確認しましたが、まったく変化なし。患者によっては悪化さえ認められました。

輝かしい改善が見られたのは、ひとりライトさんだけでした。途方に暮れる先生をよそに、ライトさんの症状はわずか10日のうちにほぼ完治してしまったのです。

ところが、臨床試験が始まって2か月もしないうちに、ライトさんの最後の頼みの綱に対する信頼が失われそうな事態が生じます。どこの病院でも新薬の成果はなんら得られていない、という報道が流れはじめたのです。その後も暗い見通しの報告が続くと、ライトさんの症状は再発して、元の状態に戻ってしまいました。

ライトさんの楽観的な性格を見てきた先生は、あえて嘘を告げることにします。

「新聞記事は信じてはいけません。この薬は有望です。まもなく、効果が2倍になった新しいクレビオゼンが手に入ります」

はじめは懐疑的だったライトさんですが、次第に期待が膨らんでいきます。

数日後、新薬の投与が目前となったライトさんはほとんど歓喜の極みです。

そしてついに注射された「効果が2倍の新しいクレビオゼン」とは――じつは、ただの蒸留水だったのです。もちろんライトさんにはすべて秘密です。

ところがどうでしょう、ライトさんの腫瘍はどんどんなくなっていくではありませんか！　2度目の末期状態からの回復は、1度目よりもさらに劇的でした。

水の注射は続けられ、健康そのものになったライトさんでしたが、2か月以上がすぎたとき、米国医学協会の最終的な発表が報道されたのです。

「全国規模の臨床試験の結果、クレビオゼンはがんの治療に関してまったく効果がないことが明らかになった」

報道の数日後、最後の望みが絶たれたライトさんは危篤状態で再入院し、その2日目に亡くなったのです。

第八章

ヒプノセラピーで改善した症例

私がセッションを行ったクライアントの実例

最後に、実際にヒプノセラピーを施したクライアントの症例を、クライアントの許しを得た上、匿名で紹介します。

どのような悩みを抱える人にヒプノセラピーが効果的か。具体的に理解してもらえるでしょう。

問題1 不眠症（女性、40代 公務員）

症状：眠れない。5年間、睡眠導入剤がなければ睡眠に入れない日々に苦しんでいる。

ワーク：催眠に入った後、潜在意識に対して、「これからはぐっすり眠ることができる」という暗示を与えた。

セッション回数：1回

補助として、ぐっすり眠れるという暗示が入った30分ほどの私が作成したCDを渡し、毎晩寝る前に聞くことを勧める

結果：クライアントから、次のような感謝のメールをいただいた。

「先日はヒプノセラピーを誠にありがとうございました。

……何と言うか、不思議な体験でした。私は一人ぼっちをとても怖れているようで

す。意外な気がいたしました。今本先生のところに伺ってから、5年間毎晩欠かさず飲んでいた入眠剤を飲まなくても眠れるようになりました。とても嬉しいです。

瞑想のCDを毎晩かけ、うまく瞑想に入れるときも入れないときも両方ありますが、CDを聴いたあとはリラックスして眠りに入れるようになりました。リラックスの状態とはどんなものかを自覚できたことや、どうやってリラックスに自分を導いたらいいのかわかったことが本当によかったと思います。

ご報告とお礼まで」

問題2 飛行機に乗れない（男性、30代 会社員）

症状：飛行機に乗ろうとすると、恐れや不安から足がすくみ、どうしても搭乗することができない。同行者にすがって何とか搭乗しても、乗っている間じゅう、心臓が激しく脈を打ち、脂汗が出るなど、生きた心地がしない。耐えられない恐怖の時間を過ごす。

ワーク：仮に、週1回1往復（2回搭乗）し、年104回飛行機に乗る人でも、事故にあう確率は3900年に1回。途方もなく低い確率であることと、飛行機に乗っている間は、とてもリラックスできるという暗示を与える。

イメージワークとして、飛行機に乗って、飛行機が離陸して、上空を飛行して、着陸するまでに起こりそうなことを、心の中であらかじめシミュレーションしてもらう。とくに、飛行機が揺れてもまったく問題ないという暗示とともに、イメージの中でシミュレーションを繰り返す。

セッション回数：1回

結果：飛行機での旅を快適に過ごすことができるようになった。

問題3　タバコをやめられない（男性、自営業　40代）

症状：何度も禁煙に挑戦するが、やめることができない。少し我慢した後、どうしてもタバコに手を出してしまう。

ワーク：潜在意識に対して、タバコをやめるのは簡単であり、タバコを吸うことで得ているメリットよりも、タバコを吸わない選択をしたことで得られるメリットの方が大きいことを強調した暗示を与える。

イメージワークとして、このままタバコを吸い続けた10年後と、ノンスモーカーとして生きていく10年後をそれぞれイメージの中でシミュレーションする。そして、心から望む結果はどちらなのか、選択と決断をしてもらう。

セッション回数：1回

結果：それから5年間、タバコを吸っていない。

問題4 ダイエットをしたい（男性、会社員 40代）

症状：相談時の体重が75キロ。これを68キロに減量したい。

ワーク：体重を68キロにするモチベーションを確認。モチベーションを高めて強化できる暗示を与える。暗示と同時に、イメージの中で、68キロになった自分を演じてもらう。

そして、自宅でできる自己催眠法も教える。何をいつどれぐらい食べるのかという食生活についてのアドバイスも同時に与え、毎日できる簡単なエクササイズを実践してもらった。

セッション回数：3回

結果：3か月後に68キロを達成。

問題5 ボクシング選手に対する、試合前のメンタル・トレーニング（男性、アルバイト 20代）

症状：試合が近づくと「負けるのではないか」という不安がつのる。実際、試合のリングに上がるとふだんの練習どおりの動きができず、自滅のような形で負ける試合が続いている。

ワーク：自信を持って試合に挑める暗示を与える。

年齢退行で4歳までさかのぼり、不必要な恐れの感情と、「自分にはできない」という制限を解放する。試合を有利に進めているイメージと、試合に勝利したイメージを何度もシミュレーションして潜在意識にインプット。

セッション回数：3回

結果：試合に勝つことができた。

問題6 自尊心が低い（女性、会社員 20代）

症状：自分は何をやってもダメで、できない人間だと思っている。

ワーク：クライアントの人生のどの時期にこの制限的な決断をくだしたのか、年齢退行をして分析していく。

6歳のときに、親と一緒に算数の問題を解いている。「どうしてこんな問題が解けないの」と怒られているシーンが出てくる。この体験において、不必要な悲しみの感情と、自分は何をやってもできないという決定を無意識のレベルでくだしたことを発見。さらにさかのぼると、3歳のときに、幼馴染み（おさなな）じみの友だちから無視されたシーンを思い出す。そして、自分は人から愛されないし、何をやってもできないという決断をくだしていることを発見。さらにさかのぼると、2歳のときに、留守番をしていたが、母親が帰ってこないシーンを思い出す。見捨てられたと思い、このときに体験した悲しみの感情が、自分は何をやってもできないと思っている制限に結びついている感情と同じであることを発見。
　これらの体験を確認した後、いま、退行中に思い出したこれらの体験は、まだ無力な幼いころに体験したことであって、いまの大人の自分自身から見ると、このような体験を一般化させて、自分は何もできないと思い込むことには何ら合理性がないことを暗示としてインストール。これからは、「自分は何をやってもできない」という信念ではなく、暗示のスキルを通して、「自分はいろんなことができる」というプログラミングに変えていけることを提案。

セッション回数：1回

結果：自尊心を取り戻し、自分にできることもたくさんあるという考え方に変わっていくことができ、これから先の人生を肯定的に生きていけると感じられるようになった。

問題7 お金に対する罪悪感（男性、会社員 30代）

症状：一定以上の収入を得るチャンスに恵まれると、そのような過分な報酬は人間の生き方として間違っているのではないかという罪悪感を覚え、素直に受け入れることができない。知らずしらずのうち、高額収入を遠ざける生き方を選んでしまう。

ワーク：年齢退行により、お金を持つことに対する罪悪感の原因となっている幼いころの体験に戻るよう、潜在意識に指示した。

幼稚園に入る前の記憶が出てきた。親が友だちにお金を貸したのだが、裏切られたときの記憶が出てくる。お金を儲けたら、人から騙されるので、たくさんのお金を儲けることはよくないことだ、という決断をしていた。また、このクライアントのおじいさんは、事業に成功して裕福になったのだが、愛人を作ってしまい、他の家と行ったり来たりする二重生活を送っていた。幼いころに、おばあさんから、「男がお金儲けをすると、ろくなことが起こらない」という暗示を頻繁に受けていた。これらの制限は根拠がないものであり、儲けたお金を有効に活用することで、世の中の役に立っている人はたくさんいる、そして、あなたもそうすることができるという暗示をインストール。

セッション回数：1回

結果：年収は増え続け、儲けたお金を有効に活用することができている。

問題8 積極的な男性に対する嫌悪感（女性、会社員 20代）

症状：男性から積極的にアプローチされ、出会ってすぐ親しげに声をかけられると、それだけで嫌悪感を覚える。冷静に判断すれば素敵な男性だとわかっていても、拒絶感が先に立ち、出会いを実らせることができない。

ワーク：嫌悪感の原因となっている幼いころの体験に戻るよう潜在意識に指示。

2歳のときに、町内会の人たちが集まっているときの記憶が出てきた。そこで、ある男性が、自身の母親を口説こうとしていることに気づく。この男性に対する嫌悪感と、大人になった自分が、積極的にアプローチされるときに感じる嫌悪感がリンクしていた。そこで、幼いころのこの経験から、積極的にアプローチしてくる人のすべてが悪いと一般化してきたようだが、積極的なアプローチをするから悪いのではなく、いまのあなたにはその人の性格や中身を見極めることができ、その上で冷静な判断がくだせると暗示をする。

セッション回数：1回

結果：積極的な男性への嫌悪感はなくなり、このようなタイプの人に対して、もっと冷静に接することができるようになった。

問題9 男性と結婚することに対する恐怖感（女性、会社員 30代）

症状：長く付き合っている男性がいる。お互いに信頼し合い、愛し合っていることを確認している。クライアント自身、交際には何の不都合も感じていない。ところが、いざ結婚を意識すると途端に恐れを感じ、受け入れることができない。

ワーク：前世療法により、中世の南の島に住んでいた前世のイメージが出てくる。そこで、結婚を約束していた男性がいた。しかし、島の習慣で、結婚をするためには、男性はある儀式をすることが必要。しかし、その儀式はとても危険を伴うものであった。結果、その男性は、儀式にトライするのだが、命を失ってしまう。そのときの悲しみが、いま、結婚すれば不幸になるのでは、というときに感じる悲しみと同じであることに気づく。この体験を通して、抑圧されていた悲しみのエネルギーを解放することができた。そして、同時に、結婚生活にはいろんな不確定な要素はあるが、悪くなることに集中するのではなく、何をすれば建設的な家族を築いていけるのかに集中して生きることで、幸せになれると暗示。

セッション回数：1回

結果：結婚に対する恐怖心がなくなった。

問題10 夜が怖い（女性、会社員　40代）

症状：夜になれば誰かが自分を襲い、殺されるのではないかという恐怖心にかられる。夜が近づくのが怖い。そして、夜が怖い。

ワーク：前世療法により、紀元前、信仰してはいけない宗教を信仰することで迫害を受け、このような理由から、群衆から暴行を受けて亡くなったイメージが出てくる。この体験の中の恐怖心と、現在の恐怖心がリンクしていた。潜在意識にこの感情は解放できると暗示。

セッション回数：1回

結果：以下のメールをいただく。

「おはようございます。先日お世話になりました○○です。ヒプノセラピー、ありがとうございました。どの程度症状が改善されているか様子を見ていたのでご報告が遅くなりました。

今本先生の誘導により、過去の自分を見ることが出来て良かったと思います。症状のもととなる感情を手放すことができました。

その後、1週間ほど様子を見ていますが、症状はほとんどなくなっています。また機会があれば是非よろしくお願いいたします。とても貴重な体験をさせて頂きありがとうございました。今後ともどうぞよろしくお願いいたします」

おわりに　ヒプノセラピーを正しく理解するために

私は30代の半ばごろ、早期希望退職で10年以上のサラリーマン生活にピリオドを打ち、新たな人生の道を模索する岐路に立ちました。もともと人の話を聞いて慰めたりするのが好きだったため、行き着いた仕事が、ヒプノセラピストでした。

他にも仕事の選択肢はいくつかありました。例えば臨床心理士です。けれど、臨床心理士の場合、大学院に2年通って資格試験を受ける必要があります。その間は仕事もできず、妻子ある身の私にとってはかなりハードルの高いものでした。

「もうすこし短期間で勉強ができ、さらに仕事としてやっていけるものはないか?」探しているとき、イギリス留学当時の記憶が浮かびました。仲のよい友達から「ヒプノセラピーを受けに行かないか?」と誘われたことがあります。そのとき紹介されたヒプノセラピストは、かなり多くのクライアントを持っているようでした。「へえ、こういう仕事があるんだ」と驚きました。それを思い出したのです。

思い立ってすぐ国内のスクールで学び、セッションを始めましたが、クライアントを満足させることはできませんでした。もちろん国内のスクールでもさまざまなことが学べたのですが明らかな実力不足です。

頼りにしてくれるクライアントに対して「結果を出すことができない」という罪悪感と、「こんなことで家族を養っていけるだろうか?」という恐怖心を覚えました。そこで改めていろいろ調べると、ヒプノセラピーの本場であるアメリカではふつうに行われていながら、日本にはまだしっかりと伝わっていないことが多いという事実がわかってきました。

プロとして責任のあるセッションができるヒプノセラピストになりたい!

私は決意して、アメリカで一流とされている先生方の門を叩き、一から学び直しました。英国留学時代に学んだ英語を生かし、英語で書かれた専門書も読み漁りました。はじめて、「催眠とは何なのか?」「ヒプノセラピーとは何なのか?」を深いレベルで理解することができるようになり、ヒプノセラピーの素晴らしさと可能性を実感しました。

おかげで私のセッションはずいぶんよいものになりました。それからは、「アメリカ本国によい先生がいる」と聞けばインターネットで検索し、すぐにアメリカにトレーニングを受けに行き、有名な先生方のＤＶＤ講座があると聞けば、アメリカから取り寄せては研究しました。

アメリカで学びなおして何よりも気づかされたのは、セッションの方向性がいかに重要かということです。本書の中で、「ヒプノセラピストはツアーガイドのようなもの」と説明しましたが、クライアントをどの方向に導けばよいのかはもっとも大切です。

例えば年齢退行という手法を使ってクライアントのトラウマを掘り起こすと、しばしば出てくるシーンは幼いころの母親との関係性です。体験を探っていくと、一見、クライアントには何の罪もなく、すべての原因は母親のせい、に見えるシーンが出てきます。

さて、ここで考えなければならないのは、「あなたの不幸の原因のすべては母親のせいであり、あなた自身には何の責任もなかった」として、母親を恨ませる方向性のセッションにすればいいのか？　それとも、「母親が置かれていた立場を理解して許す」方向性のセッションにすればいいのか？　ということです。

つまり、そのトラウマ体験を「人生がうまくいかなかった理由」にして、クライアントを「影響側」に留めるのか？　それとも、「そのトラウマ体験から〇〇を学べばクライアントの人生が幸せになる」という、「原因側」のポジションにシフトできるように促すのか？

ヒプノセラピストがどのような方向性でセッションを行うのかによって、クライアントが到達する場所はまったく変わるのです。

ヒプノセラピーは人の心の深い領域を扱います。よって、テクニックだけではなく、深い領域を扱えるしっかりした哲学が必要です。

ここを曖昧（あいまい）なままにしてセッションを行うと、セッションの途中でどうしていいかわからなくなり、催眠誘導はしたものの、クライアントの症状を改善する道筋が見えないということになってしまいます。

潜在意識にアクセスして、そこで過去のトラウマをほじくり出せば解決する、といった安易な知識しか与えられないままセッションを行うことになってしまいます。それでは責任あるセッションにはならないばかりか有害なものになるでしょう。

クライアントとのラポールのとり方もとても重要です。そのためのテクニックはいろいろあるのですが、最終的には、目の前にいるクライアントをなんとかよい方向に導きたいという熱い思いが必要です。

「すべてのリソースはクライアントの中にある」という大切な真理にも気づかされました。悩みを抱えているのはクライアントですが、その悩みを改善する手がかりや情報を持っているのもまたクライアント自身なのです。

ヒプノセラピーとは、ヒプノセラピストが主体となって、クライアントに何かを教えこむものではありません。クライアントが望む場所がどこなのかを確認して、そこに楽に到達できるように励ます。退行催眠などでトラウマを掘り起こした場合も、正しい方向性を示しながら、クライアント本人がそれを乗り越えることができるよう励まし、答えを引き出す環境を整える。すべてのリソースはクライアントの中にあり、クライアントが主体となって行うものです。ヒプノセラピストはクライアントを励まし手助けをしながら答えを引き出すお手伝いをする役を担います。

これらの知識の源は、ABH（米国催眠療法協会）前会長の故タッド・ジェームス博士と、奥様のアドリアナ・ジェームス博士、そして、NGH（米国催眠士協会）前教育担当理事であった故リチャード・ハート博士、年齢退行のプロフェッショナル、カル・ベニアン博士と故ジェラルド・カイン博士、前世療法のブライアン・ワイス博士、そして、ドン・マティン博士、ラリー・エルマン氏であり、アメリカでこの分野をリードする多くのヒプノセラピストのおかげで、いまの私があります。

また私のバックボーンには、ロンドン留学時代からずっとこれまで実践しているチベット密教があります。そこから学ぶ宇宙論や哲学も大きな糧となっています。

私はいま、クリアライト・ヒプノセラピースクール（CLEAR LIGHT＝光明）という名前でヒプノセラピーの講義を行っています。そのスクール名はここに由来しています。

ヒプノセラピー以外にも、ＮＬＰ（神経言語プログラミング）を本場で基礎からマスタートレーナーレベルまで学び、資格を取得しました。タイムラインセラピー®という最新のテクニックとコーチングのスキルも身につけました。

学んできたこれらの知識とスキルの根底にある考え方と、仏教的な宇宙論はとても相性がよいと思います。

それらの点と点がうまくつながって、どんなクライアントが来ても自信を持って対処できるようになりました。

現在は正統な流れに則った、「世界基準のヒプノセラピー」を日本でしっかり普及させるため、スクールと併せて、全日本ヒプノセラピスト協会という一般社団法人を立ち上げ、プロのヒプノセラピストの育成に力を入れています。

この本が読者にとって、ヒプノセラピストへの道を歩むきっかけになればうれしく思います。そして、私と情熱を同じくするヒプノセラピストたちが、心理トラブルに悩む多くの人々に光明をもたらすことを願っています。

平成29年1月

渋谷・並木橋のクリアライト・ヒプノセラピースクールにて

今本忠彦

私の主宰するスクールについて

現在日本には、ヒプノセラピストになるための国家資格はありません。講習を受けた方なら、誰でもセッションをすることができます。しかし、自信を持って、信頼性のあるセッションをするためには、国際基準のセミナーを受講し、実際にセッションを行うための経験を積むことをお勧めします。

私（今本忠彦）が主宰するクリアライト・ヒプノセラピースクールでは、定期的にヒプノセラピストになるためのスクールを開催しています。

スクールは、

1 ベーシック・トレーニング
2 プロフェッショナル・トレーニング
3 トレーナー・トレーニング

の3つのコースがあります。

2日間のベーシック・トレーニングの修了後、希望者にはABH（米国催眠療法協会）の「ABH認定ヒプノセラピスト資格」が発行されます。

10日間のプロフェッショナル・トレーニングは、ヒプノセラピー先進国、アメリカ合衆国でもっとも長い歴史（1950年設立）と世界最大級の会員数を誇る団体、NGH（米国催眠士協会）の公式認定トレーニングが受けられます。

10日間のトレーニング修了後、ヒプノセラピーのプロたちから最高権威として認められている、NGHの公認認定ヒプノセラピストとなり、プロのヒプノセラピストとして最高レベルの評価が得られます。

さらに、トレーナー・トレーニングを修了してトレーナーの資格を取ると、ヒプノセラピー・スクールを運営することができます。クリアライト・ヒプノセラピースクールは、ヒプノセラピー先進国アメリカを代表するプロフェッショナル団体、NGH、そしてABH、両団体の公式トレーナー（ヒプノセラピーの先生）を育成できるスクールです。

詳しくはホームページをご覧ください。

クリアライト・ヒプノセラピースクール

http://www.clearhypnosis.jp

今本忠彦（いまもと・ただひこ）

1968年、大阪府生まれ。大学では経営学を学び、卒業後、ロンドンに留学。帰国して外資系企業に14年勤めた後、本場のアメリカでヒプノセラピーを学ぶ。米国催眠療法協会（ABH）、米国催眠士協会（NGH）両団体のマスタートレーナー。現在、全日本ヒプノセラピスト協会とクリアライト・ヒプノセラピースクールを主宰し、ヒプノセラピストの育成に努める。

構成―小林信也

企画・編集協力―S. K. Y. パブリッシング

2024年4月の2刷にあたり、本文の情報を一部更新いたしました。

世界基準のヒプノセラピー入門

2017年3月30日初版発行
2024年4月30日2刷発行

著者—今本忠彦
発行者—小野寺優
発行所—株式会社河出書房新社
〒151-0051 東京都渋谷区千駄ヶ谷2-32-2
電話 03-3404-1201(営業)
03-3404-8611(編集)
https://www.kawade.co.jp/

組版—株式会社キャップス
印刷—株式会社亨有堂印刷所
製本—小泉製本株式会社

Printed in Japan ISBN 978-4-309-24797-7